U0583931

民 族 学 论 坛

贺卫光　尹伟先　祁进玉　主编

民族地区发展与乡村振兴

社会科学文献出版社
SOCIAL SCIENCES ACADEMIC PRESS(CHINA)

"民族学论坛" 编委会

主编简介

贺卫光　甘肃肃南人，裕固族，博士，二级教授，博士生导师，西北民族大学民族学与社会学学院院长。1986 年毕业于北京师范大学历史系。中国民族政策研究会常务理事、中国民族学学会理事、政协甘肃省委员会智库专家，甘肃省领军人才。主要研究领域为西北民族文化、民族民间文学、中国古代游牧民族研究等。主持完成的主要项目包括教育部重大课题攻关项目子项目"川滇黔民族关系与宗教问题研究"，世界银行贷款甘肃文化自然遗产保护与开发项目："肃南县裕固族等少数民族民间歌舞搜集整理、研究、传承""肃南县少数民族民间传统文化研究"等。主要学术著作有《裕固族民俗文化研究》《中国古代游牧民族经济社会与文化研究》《裕固族文化形态与古籍文存》《多民族关系中的裕固族及其当代社会变迁研究》《裕固族仪式研究》等，发表学术论文、译文 60 多篇。

尹伟先　男，甘肃武威人，博士，二级教授，博士生导师，西北民族大学铸牢中华民族共同体意识研究院副院长。甘肃省高校人文社会科学重点研究基地西北民族问题研究中心主任，西北民族大学甘肃省优势学科民族学学科负责人，甘肃省政协委员，兼任甘肃省社科联副主席、教育部人文社会科学重点研究基地兰州大学西北少数民族研究中心研究员、中国统一战线理论研究会民族宗教理论甘肃研究基地研究员、中国中外关系史学会理事、甘肃省齐家文化研究会名誉会长、甘肃省历史学会副会长、甘肃省丝绸之路研究会副会长、甘肃省卫生政策研究专家咨询委员会委员、兰州市委政策研究咨询顾问、甘肃省社会科学院特聘研究员。主持完成国家社科基金项目 1 项、国家民族事务委员会重点项目 2 项。出版学术著作《维吾尔族与藏族历史关系研究》《各民族共创中华：藏族、门巴族、珞巴族、羌族的贡献》《明代藏族史研究》《西北通史·清代卷》《中国西北少数民族通史·隋唐五代卷》《保安族简史》等 11 部，在国内外学术刊物上发表论文 60 余篇。科研成果获奖 20 项，其中 3 项获得了甘肃省社会科学优秀成果一等奖、1 项获得了甘肃省社会科学优秀成果二等奖、4 项获得了甘肃省高校社会科学优秀成果一等奖。曾获甘肃省高校跨世纪学科带头人、甘肃省"333 人才工程"人选专家、甘肃省领军人才、国务院政府特殊津贴专家等荣誉称号。

祁进玉　青海互助人，土族，中央民族大学民族学与社会学学院民族学系主任、教授、博士生导师。1994 年毕业于北京师范大学教育系。中央民族大学教代会主席团常务副主席、中国民族学学会常务理事兼秘书长、中国人类学民族学研究会副秘书长、中国民族学学会东北亚民族文化研究会秘书长。主要研究领域为西北民族社区文化研究、教育人类学、族群性与社会认同、生态人类学/民族学、东北亚跨文化比较、世界民族与文化研究等。主持国家社科基金重大项目"'一带一路'沿线各国民族志研究及数据库建设"等。主要著作有《走进中国少数民族之：土族》《历史记忆与认同重构：土族民族识别的历史人类学研究》《文化研究导论》《群体身份与多元认同：基于三个土族社区的人类学对比研究》等。

目　录

治理视域下涉藏地区乡村干部能力建设的困局与对策

——以四川为例

陈井安　刘福敏　刘　伟[*]

摘　要：戍边治藏历来为中央之重大关切，近年来，实现涉藏地区治理体系现代化为国家社会治理的重要目标。在涉藏地区的有效治理方面，乡村层级基层政权（包括乡镇政权和村社自治组织）是"牛鼻子"。本文将乡、村两级干部作为研究对象，以四川为例，通过实证调查客观描述涉藏地区基层乡村干部的治理能力现状。研究发现，尽管涉藏地区乡村治理成绩斐然，但涉藏地区乡村干部出现了"事权下沉"与"压力上扬"、"责权不均"与"激励不足"、素质偏低与流动性大、"聚焦"稳定与"虚焦"服务四项治理能力困局。本文从治理视域出发，提出相关的政策建议。

---

* 陈井安，四川省社会科学院党委副书记、研究员；刘福敏，四川省社会科学院副研究员；刘伟，四川省社会科学院助理研究员。

关键词： 国家治理　基层治理　乡村干部能力

一　研究缘起

自秦以降，我国始终存在两条清晰的基层治理线索。一条是国家致力于对基层社会的全面进入，可以用"乡政"来概括。当前国家治理如何落地乡镇，形成同村庄之间的良性互动，是这条治理线索核心和难点议题。另一条线索是中央对边疆少数民族地区基层社会的政治整合，可以用"边政"来概括。国家的"化边"政策同少数民族地区社会的传统秩序之间此消彼长的相互对抗与接纳的互动过程一直持续。"乡政"和"边政"一纵一横，构成了我国基层治理的核心治理网络。

涉藏地区治理关乎国家治理的成败，没有涉藏地区治理体系的现代化就没有国家治理体系的现代化。在中央第六次西藏工作座谈会上，习近平总书记提出了20字的西藏工作重要原则"依法治藏、富民兴藏、长期建藏、凝聚人心、夯实基础"，以及党的治藏方略"六个必须"①，在治理理念、治理目标、治理手段等方面都体现了新思路，为推进涉藏地区治理体系走向现代化指明了

---

① 必须坚持中国共产党领导，坚持社会主义制度，坚持民族区域自治制度；必须坚持治国必治边、治边先稳藏的战略思想，坚持依法治藏、富民兴藏、长期建藏、凝聚人心、夯实基础的重要原则；必须牢牢把握西藏社会的主要矛盾和特殊矛盾，把改善民生、凝聚人心作为经济发展的出发点和落脚点，坚持对达赖集团斗争的方针政策不动摇；必须全面正确贯彻党的民族政策和宗教政策，加强民族团结，不断增进各族群众对伟大祖国、中华民族、中华文化、中国共产党、中国特色社会主义的认同；必须把中央关心、全国支持同西藏各族干部群众艰苦奋斗紧密结合起来，在统筹国内国际两个大局中做好西藏工作；必须加强各级党组织和干部人才队伍建设，巩固党在西藏的执政基础。

方向。

四川涉藏地区横跨三大藏族文化区域中康巴、安多两大区域，传统文化多元丰富，传统社会结构复杂，历来是稳边治藏和涉藏地区基层治理的重点、难点区域。乡镇是国家权力中同农牧民最为接近、处于行政权最末端的机构，村庄与社区两委是国家权力下沉基层社会的主要载体。在涉藏地区治理体系现代化进程中，乡镇政权与村社两委的建设和良性互动，是基层治理体系的"牛鼻子"。涉藏地区乡镇政权与村社两委除了承担经济社会发展、公共服务职能外，还担负着民族团结、民族宗教事务管理以及边疆安全等着眼于长期发展的重要任务。从两条治理线索来看，尽管四川涉藏地区并非我国边疆地区，但涉藏问题的复杂性与特殊性，令其乡村治理兼具"乡政"与"边政"双重特征，乡镇干部与村社干部既是"乡政"的主体，也是"边政"的主体，任务繁杂，工作繁重。乡镇与村社干部队伍是党和政府治理涉藏地区的核心主体，是反分裂、促发展的组织者与关键力量，他们的形象是增强涉藏地区民众"五个认同"的基础。已有研究显示，与涉藏地区基层政权所承担的重要职能形成对比的是，乡村干部队伍的现代治理意识和能力相对较弱，依法执政、协商共治等能力较为不足。推进涉藏地区治理体系现代化，转变涉藏地区基层政权职能和执政方式，对涉藏地区基层干部能力建设提出了新的要求。因此，研判和描述藏族地区乡村干部的能力认知与能力现状，观察和探讨藏族地区乡村干部能力现状的影响因素，在实证研究的基础上提出更具针对性的对策建议具有现实意义，这也是本文的核心关切。

二 样本分布

我们将四川涉藏地区的乡、村两级干部①作为研究对象，运用问卷法（辅以个案访谈法），以多阶段分层抽样为主的抽样方案选取样本，样本获得符合概率抽样的要求，数据在四川阿坝及甘孜两州的范围内，具有推断总体的意义。本文力图在基层治理的视域下，对四川涉藏地区乡村干部能力现状进行描述。

课题组共计发放问卷 300 份，有效回收 246 份，调查成功率为 82%。② 有效问卷中，藏族占 53.7%，汉族占 23.2%，其他民族（羌族、彝族为主）占 23.1%；来自纯牧区者有效百分比为 10.2%，半农半牧区者有效百分比为 69.4%，纯农区者有效百分比为 20.4%；职级分布方面，乡镇干部占 68.3%，村干部占 31.7%，其中不适合填答职级者（村干部及乡镇非编制工作人员）占 36.4%，普通科员占 7.8%，乡科级副职占 18.2%，乡科级正职占 33.8%，县处级副职及以上占 3.8%。总体而言，样本具备一定的结构效度③和调查工具信度。

三 涉藏地区乡村干部治理能力现状

我们以国家治理体系现代化与现代基层治理的实践逻辑为视

---

① 乡干部包括农区、半农半牧区、牧区的乡镇工作人员，以及城区街道的工作人员，村干部则主要是村庄与社区的两委干部。

② 在调查过程中，甘孜州委党校、阿坝州委宣传部给予大力支持，在此表示感谢。

③ 效度的一种，是指理论假设的命题关系同现实实际测量的结果相吻合。

域，选择了"治理能力认识""治理对象认识""自我能力评估"三个方面，以展现涉藏地区乡村干部的能力现状。

（一）治理能力认识：从能力的自我认知看乡村干部对治理内容的目标与关切

我们选择了11项具体能力对四川涉藏地区乡村干部进行评估（图1），结果如下。

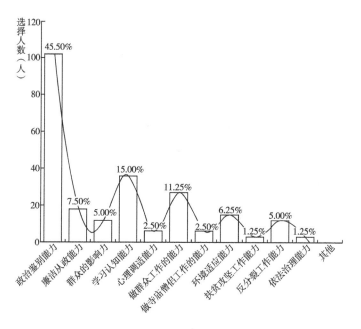

图1　乡村干部最擅长能力统计

1. 乡村干部眼中的优势能力

首先，政治鉴别能力强，政治干预能力弱，政治鉴别能力被藏区乡村干部视为"首位能力"。调查发现，乡村干部对识别基层可能存在的破坏社会团结与地区稳定风险的能力十分自信，认为自身最强的能力为政治鉴别能力（45.5%），高于排名第二的学习认知能力（15%）。而涉藏地区乡村干部对自身的政治干预能力却并不自信，认为最擅长的能力为反分裂工作能力者仅占5%。这表明四川涉藏地区乡村干部一方面具有极强的政治安全意识与政治敏锐度，另一方面对预防与化解相关社会稳定风险的能力尚显不足。

其次，高度的安全和稳定关切，削弱了乡村干部的管理与服务能力。调查显示，除了政治鉴别能力外，其余能力的选择率均未超过20%。选择率在10%~20%的能力有两项，分别为：学习认知能力（15%）和做群众工作的能力（11.25%），廉洁从政能力、做寺庙僧侣工作的能力、扶贫攻坚工作能力、依法治理能力的选择率分别仅有7.5%、2.5%、1.25%和1.25%。涉藏地区乡村干部对地方安全的高度关切，一定程度上削弱或忽视了对自身管理与服务能力的建设。

最后，乡镇干部各项能力明显失衡，村社干部各项能力相对均衡。如表1所示，乡镇干部的政治鉴别能力强于村社干部，但在管理与服务的各项能力中趋弱。乡镇干部对政治鉴别能力的选择率最高（49.1%），即近一半的乡镇干部认为自己最擅长的能力是政治鉴别能力，村社干部的此项选择率为28.0%。在乡镇干部中，除了政治鉴别能力与学习认知能力外（16.4%），同管理与服务密切关联的知识能力的被选率均未超过10%，其中群众的影响力和扶贫攻坚工作能力选择率为0，表明乡镇干部对自己的管理服务能力评价较低。与此对应，村社干部擅长能力分布相对均衡，除政治鉴别能力外，廉洁从政能力、群众的影响力、学习认知能力、做群众工作的能力均相对较强（选择率超过 10%）。值得注意的是，村社干部在"做寺庙僧侣工作的能力"一项上，选择率为 0。作为普通的藏族同胞，村社干部通常会同普通百姓一起融入本村寺院的信仰体系中。这表明，涉藏地区基层干部以村社干部身份同寺院之间的互动仍然被视为能力"短板"。

表1　最擅长能力的职业身份交叉

单位：%

最擅长的能力	身份类型			
	乡镇干部	排名	村社干部	排名
政治鉴别能力	49.1	1	28.0	1
廉洁从政能力	5.5	5	12.0	4
群众的影响力	0	10	16.0	2
学习认知能力	16.4	2	12.0	4
心理调适能力	1.8	8	4.0	6
做群众工作的能力	9.1	3	16.0	2
做寺庙僧侣工作的能力	3.6	7	0	10
环境适应能力	7.3	4	4.0	6
扶贫攻坚工作能力	0	10	4.0	6
反分裂工作能力	5.5	5	4.0	6
依法治理能力	1.8	8	0	10
合计	100.0		100.0	

2. 乡村干部对能力诉求的关切

如图2所示，首先，提升自我学习能力为涉藏地区乡村干部的首要关切，折射出乡村干部对自身能力不足的普遍担忧。当前，

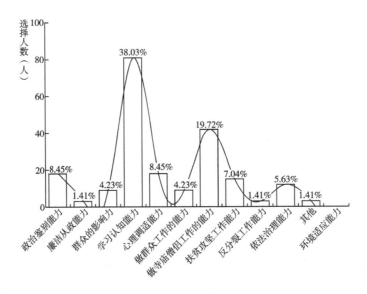

图 2 乡村干部最欠缺能力统计

学习认知能力是涉藏地区乡村干部认为最为缺乏的能力，选择率高达 38.03%。由于学习认知能力在各项能力中处在"上位"，也即学习认知能力的提升能带动其他能力的相应提升，因此，认为自身能力不足，无法应对基层社会出现的各类事务成为涉藏地区乡村干部的普遍心态，他们普遍有较强的提升学习认知能力的诉求。其次，寺庙工作仍是乡村干部关切的难点。19.72% 的被访者选择了迫切需要提升做寺庙僧侣工作的能力，可见与寺院之间的互动仍然是涉藏地区乡村干部基层治理工作中遇到的难点工作。再次，涉藏地区乡村干部与国家大政方针密切共振的能力较弱。扶贫攻坚、依法治理、反腐倡廉是从中央到地方的重大关切。然而，本调查显示，四川省涉藏地区乡村干部对扶贫攻坚、依法治理、廉洁从政三个方面的能力提升诉求分别为 7.04%、5.63% 和

1.41%。这反映出涉藏地区乡村干部在把握国家大政方针、与国家重大关切密切共振的能力较弱。最后，乡镇干部与村社干部对具体能力的诉求存在差异。

如表2所示，乡镇干部对能力的诉求主要集中在学习认知能力（33.3%）、做寺庙僧侣工作的能力（23.5%）、扶贫攻坚工作能力（9.8%）、心理调适能力（9.8%）。而村社干部对能力的诉求主要集中在学习认知能力（50.0%）、政治鉴别能力（20.0%）和做寺庙僧侣工作的能力（10.0%）。可见村社干部对自身学习能力提升的诉求更为迫切，而乡镇干部对如何做好寺庙僧侣工作能力的提升诉求更加强烈。

表2　最欠缺能力的职业身份交叉

单位：%

最欠缺的能力	身份类型			
	乡镇干部	排名	村社干部	排名
政治鉴别能力	3.9	8	20.0	2
廉洁从政能力	0	10	5.0	4
群众的影响力	5.9	5	0	8
学习认知能力	33.3	1	50.0	1
心理调适能力	9.8	3	5.0	4
做群众工作的能力	5.9	5	0	8
做寺庙僧侣工作的能力	23.5	2	10.0	3
扶贫攻坚工作能力	9.8	3	0	8
反分裂工作能力	0	10	5.0	4
依法治理能力	5.9	5	5.0	4
其他	2.0	9	0	8
合计	100.0	100.0		

（二）治理对象认识：对治理服务对象的评价趋于负向与服务意识转化能力不足并存

我们以政社良性互动为逻辑，设计了一组乡村干部对本地普通居民的评价指标（见表3）。

表3 乡村干部对本地居民的评价状况统计（满分5分）

单位：分

得分段	对本地居民评价内容	得分均值	标准差	得分排名
良好段	本地居民信任政府状况	3.83	0.810	1
	本地居民信任乡村干部状况	3.59	0.827	2
	本地居民明辨是非状况	3.50	0.817	3
及格段	本地居民讲理状况	3.49	0.875	4
	本地群众工作难易度	3.28	1.005	5
	本地群众易受煽动情况	3.16	0.983	6
	本地居民素质情况	3.11	0.798	7
较差段	本地群众思想开放程度	2.63	0.946	8
有效样本量（列表状态）		246		

一是乡村干部对本地居民的总体评价趋于负面，暗示乡村干部从管理到服务的意识转化能力不足。在我们提出的8个有关对本地居民评价的问题中，得分均没有超过4分（优秀段），表明乡村干部对本地居民的总体评价不高；在3个得分处在良好段（3.5～4分）的问题中，排名前两项者均为乡村干部所认为的"本地居民对其的评价"的相关选项，分别为"本地居民

信任政府状况"（3.83 分）、"本地居民信任乡村干部状况"
（3.59 分），表明乡村干部对本地居民会对本地政府（自身的
工作）做出较高的正面评价较为自信。而尽管"本地居民明辨
是非状况"得分处在良好分段，却处在良好和及格的得分边界
处。而"本地居民讲理状况""本地群众工作难易度""本地
群众易受煽动情况""本地居民素质情况"等几项对本地居民
的评价项目上，得分均在及格分段。认为本地群众思想开放程
度（传统守旧）的得分更是仅有 2.63 分。总体而言，乡村干
部对本地居民的评价呈现出较强的"俯视"感，负面评价明
显，管理意识较强，服务意识较弱。

二是乡镇干部思维固化较为突出。调查显示，对群众"他群
体"①的固化思维意识在乡镇干部层面更为强烈。如表 4 所示，
乡镇干部与村社干部在 4 项评价中得分差异具有统计学意义，
分别为：本地居民素质情况，乡镇干部评价 3.00 分，村社干
部评价 3.35 分；本地居民明辨是非状况，乡镇干部评价 3.39
分，村社干部评价 3.73 分；本地群众工作难易度，乡镇干部
评价 3.14 分，村社干部评价 3.58 分；本地群众思想开放程
度，乡镇干部评价 2.52 分，村社干部评价 2.88 分。这四项内
容，村干部得分全部高于乡镇干部，村社干部对本地居民的整
体评价更趋正向。

---

① "他群体"是相对于"我群体"的群体认同概念，是用来描述个体对某一群体是否认同
的一组概念。

表 4　乡村干部对本地居民评价的职业身份交叉（满分 5 分）

单位：分

	乡镇干部			村社干部			T检验
	得分均值	标准差	得分排名	得分均值	标准差	得分排名	
本地居民素质情况	3.00	0.826	6	3.35	0.680	6	0.001
本地居民讲理状况	3.54	0.888	2	3.38	0.841	5	0.208
本地居民信任乡村干部状况	3.54	0.888	2	3.69	0.670	3	0.168
本地居民明辨是非状况	3.39	0.862	4	3.73	0.658	2	0.002
本地居民信任政府状况	3.82	0.783	1	3.85	0.869	1	0.824
本地群众工作难易度	3.14	1.046	5	3.58	0.845	4	0.002
本地群众思想开放程度	2.52	0.909	7	2.88	0.980	7	0.004

（三）自我能力评估：对行动能力的高度认同与应用性基础能力较为"脆弱"共存

我们在政社互动的逻辑下回答涉藏地区乡村干部如何评价自身所属群体的工作及能力现状，设计了一组对乡村干部的评价指标，如表 5 所示。

表 5　乡村干部对自身能力及表现的评价状况统计（满分 5 分）

单位：分

得分段	对乡村干部的评价内容	得分均值	标准差	得分排名
优秀段	乡村干部群众易见到程度	4.23	0.802	1
	乡村干部易接近程度	4.16	0.772	2
	乡村干部工作忙碌程度	4.12	0.862	3

续表

得分段	对乡村干部的评价内容	得分均值	标准差	得分排名
良好段	乡村干部值得信任	3.90	0.893	4
	乡村干部工作压力程度	3.77	0.889	5
	乡村干部服务意识强	3.76	1.044	6
	乡村干部的群众威望高	3.67	0.700	7
	乡村干部工作积极	3.66	0.954	8
	乡村干部应对突发稳定事件处理能力	3.61	0.895	9
	乡村干部胜任本职工作能力	3.55	0.769	10
及格段	乡村干部学习双语的能力	3.48	1.004	11
	乡村干部的法治意识	3.40	1.012	12
	乡村干部带领群众脱贫致富能力	3.32	0.975	13
	乡村干部学习新知识能力	3.13	0.948	14
较差段	乡村干部待遇理想	2.34	0.980	15
有效样本量（列表状态）		246		

一是乡村干部中可能存在"相对剥夺感"。在乡村干部的自我评估中，乡村干部群众易见到程度（4.23分）、乡村干部易接近程度（4.16分）、乡村干部工作忙碌程度（4.12分）、乡村干部工作压力程度（3.77分）等几项同基层干部承担事务相关的选项得到较高分数。随着事权下沉，自上而下的"千线一针"现象，开始从乡镇层级下沉到村社层级，下沉行政事务同涉藏地区维稳压力叠加，同时还需转变传统管理的行动惯性，构建起服务型政府的行动方向，工作压力较大。对承担事务的评价得分趋于饱和，可从一个侧面反映乡村干部对较强工作量有强烈的认同，既可能存在抱怨情绪，也可能正在形成群体性的"相对剥夺感"。

二是乡村干部对自我行动能力较为认同。在与乡村干部行动能力相关的几项测评指标中，乡村干部普遍给出较高分值，如乡村干部值得信任（3.90分）、乡村干部服务意识强（3.76分）、乡村干部的群众威望高（3.67分）、乡村干部工作积极（3.66分）、乡村干部应对突发稳定事件处理能力（3.61分）等，表明涉藏地区乡村干部对自身的组织能力和社会动员能力均较为自信。

三是涉藏地区乡村干部应用性基础能力具有"脆弱性"。在乡村干部的自我评估中，乡村干部学习双语的能力（3.48分）、乡村干部的法治意识（3.40分）、乡村干部带领群众脱贫致富能力（3.32分）、乡村干部学习新知识能力（3.13分）等几项得分较低，而这几项恰是新常态下乡村干部提供服务与进行有效治理的基础能力，揭示出涉藏地区乡村干部在有效治理的应用性基础能力上存在"脆弱性"。

四是乡镇干部对稳定问题更加敏感，压力更大。如表6所示，乡镇干部与村社干部在5项评价中得分差异具有统计学意义，分别为：本地群众易受煽动情况，乡镇干部3.00分，村社干部3.50分（如前注释所述，得分越高越积极，得分越低越消极）；乡村干部群众易见到程度，乡镇干部4.14分，村社干部4.23分；乡村干部工作压力程度，乡镇干部3.86分，村社干部3.58分；乡村干部带领群众脱贫致富能力，乡镇干部3.23分，村社干部3.50分；乡村干部学习新知识能力，乡镇干部3.05分，村社干部3.31分。

表6 乡村干部对自身能力及表现的职业维度下的交叉统计（满分5分）

单位：分

	乡镇干部			村社干部			T检验
	得分均值	标准差	得分排名	得分均值	标准差	得分排名	
本地群众易受煽动情况	3.00	0.948	15	3.50	0.977	13	0.000
乡村干部易接近程度	4.13	0.711	2	3.92	0.879	3	0.560
乡村干部群众易见到程度	4.14	0.835	1	4.23	0.852	1	0.011
乡村干部工作忙碌程度	4.07	0.866	3	4.23	0.852	1	0.178
乡村干部服务意识	3.73	0.976	6	3.81	1.185	4	0.599
乡村干部工作压力程度	3.86	0.835	5	3.58	0.974	10	0.021
乡村干部值得信任	3.96	0.908	4	3.77	0.852	5	0.111
乡村干部待遇理想	2.27	0.919	16	2.50	1.090	16	0.084
乡村干部工作积极	3.66	0.874	8	3.65	1.115	7	0.958
乡村干部胜任本职工作能力	3.54	0.682	10	3.58	0.933	10	0.697
乡村干部的群众威望	3.70	0.597	7	3.62	0.886	8	0.400
乡村干部应对突发稳定事件能力	3.55	0.867	9	3.73	0.949	6	0.149
乡村干部的法治意识	3.32	1.005	12	3.58	1.013	10	0.065
乡村干部带领群众脱贫致富能力	3.23	0.948	13	3.50	1.016	13	0.045
乡村干部学习双语的能力	3.41	1.068	11	3.62	0.841	8	0.137
乡村干部学习新知识能力	3.05	0.956	14	3.31	0.916	15	0.050

四 涉藏地区乡村干部治理能力的当前困局

调查样本对乡村干部治理能力现状的呈现，反映出现阶段涉藏地区基层乡村干部对治理能力的认识、关切与行动面向。毋庸置疑，近年来，涉藏地区基层治理不论是在"乡政"还是在"边政"的维度上，都取得了举世瞩目的成效。然而，随着我国社会主义进入新时代，国家治理体系现代化对涉藏地区基层治理的要求更高，基于涉藏地区乡村干部的能力现状，我们认为涉藏地区乡村干部治理能力依然存在如下困局。

（一）"事权下沉"与"压力上扬"：涉藏地区基层干部工作重心的"悬浮式"转变

随着事权下沉，涉藏地区基层政权同汉族地区一样，面临"上面千条线下面一根针"的境况。涉藏地区乡镇干部的工作压力也由聚焦面向"朝下"与"朝上"并举，转为主要聚焦面向"朝上"。

一方面，作为国家政权末端的执行者（乡镇干部）和国家政权的基层代理人（村社"两委"），涉藏地区乡村干部在"乡政"与"边政"的双重治理压力下，在"朝下"的面向上，即面对基层治理所承担的治理事务已十分繁重，压力较大；另一方面，在"朝上"的面向上，自上而下落入基层"千线一针"的境况不仅有增无减，且由乡镇下沉至村社。村社"两委"在"压力型"体制下，应付对上的各类事务性工作不仅量越来越大，而且对现代科学技术手段的能力要求也越来越高。从我们的调研综合判断，面对繁杂的下沉事务，在涉藏地区基层，乡村干部投入在应付对上的各类事务性工作的精力越来越多，呈现从过去的"朝下"与"朝上"并举，转为主要"朝上"倾斜的方向变化。涉藏地区的乡镇政府甚至村社"两委"，都越发呈现出"悬浮"于村落社区之上的趋势。

（二）"责权不均"与"激励不足"：涉藏地区干部管理制度和相关政策缺乏针对性与灵活性

四川涉藏地区甘孜、阿坝两州 GDP 水平在全省市州中排最末两位，现代化进程落后于省内其他地市，且差距较大。与此同时，2011~2016 年，甘孜、阿坝两州 GDP 年均增长率分别达 8.1% 和 8.7%，城镇居民人均可支配收入增长率分别达 7.5% 和 9.8%，农村居民人均可支配收入增长率分别达 11.3% 和 16.1%。[①] 四川涉藏地区正进入经济社会形态快速转变的时期，这一时期往往社会思潮复杂多变，传统与现代之间呈现冲突和融合的双向互动过程。省级部门制定的干部管理制度更适合省内相对发达的汉族地区，对涉藏地区的适应性与灵活性不足，令涉藏地区基层干部无法得到有效的激励，且"责权不均"。

首先，涉藏地区干部管理制度缺乏针对性。一是干部交流体制不健全。虽然近年来中央、省委高度重视四川涉藏地区干部交流，也指派了一些涉藏地区优秀干部到省级机关任职，但总体看，交流的数量还偏少、范围较小，仅局限于县市厅级领导层面。二是干部政策未体现出涉藏地区的特殊性。现行政策考虑四川涉藏地区实际不够，如休假、退休以及工资等政策与内地没有差别或差别不大，未体现涉藏地区、高海拔地区、高寒缺氧地区、艰苦地区的差异。三是干部出口窄。尽管这一问题是包括广大汉族地区

---

① 资料来源：《甘孜统计年鉴 2017》《阿坝统计年鉴 2017》。

的普遍现象，但基于涉藏地区的特殊压力与艰苦环境，干部出口窄所形成的负向激励，更加重了涉藏地区乡村干部的"群体相对剥夺感"，动摇了基层治理的根基。

其次，乡村干部的工作量大，激励保障不足。一是工作力量问题。核编时，涉藏地区和内地一样，按照人口来核定，涉藏地区地广人稀，一个乡镇的服务半径、社情复杂程度往往等比内地多个乡镇，导致四川涉藏地区每100平方公里不足4名乡镇干部，且涉藏地区人才引进难，公务员补充难度大，乡镇工作力量严重不足；乡镇年轻干部多，懂藏汉双语、经验足能力强的干部较少，工作开展难度较大；加之乡镇干部队伍资历、能力的欠缺，从现有的乡镇干部中选拔乡镇党政班子"一把手"难度较大。二是后顾之忧（保障激励）问题。受高原气候、资源、环境等条件所限，干部医疗负担（高原病及医疗条件落后）、子女教育负担（基础教育落后）、日常生活负担（物价贵）、购房负担（退休后迁居内地）的"四偏重"现象突出。三是存在待遇同其他涉藏地区及内地城市横向比较低、福利横向比较低的问题。

（三）文化程度偏低与流动性大：涉藏地区乡村干部能力提升的重要掣肘

调研发现，尽管涉藏地区乡村干部的整体素质同过去"纵比"时，并未发生明显的变化，但随着社会的发展进步，整体素质的原地踏步或进步速率"横比"较慢，这就意味着退步。尤其是同省内相对发达地区相比，涉藏地区乡村干部的文化素质普遍偏低，老龄化现象严重，且流动性大，成为掣肘藏族地区乡村干部能力提升的重要方面。

一是老龄化现象严重。往往依赖村上德高望重的老村干部，而忽视对后备干部的培养。二是文化素质普遍偏低。多数村干部仅小学文化程度甚至是文盲、半文盲。三是乡村干部队伍稳定难。以甘孜州为例，全州 18 个县 2008 年至 2015 年 8 月，有 3400 余名干部调出本县，其中，调到州外的达 800 余名，还有近千名提出调动申请，累计 300 余名公职人员选择辞职。

（四）"聚焦"稳定与"虚焦"服务：涉藏地区乡村干部基层治理的工作关切视野"狭窄化"

调研发现，四川涉藏地区乡村干部对区域稳定的关切程度较大幅度地高于公共服务供给，造成涉藏地区乡村干部在基层治理工作中的目标关切明显"狭窄化"。

首先，对维护"稳定"的重点聚焦与能力分化。乡村干部普遍对维护稳定保持了较高的关切度，围绕安全与稳定而开展的工作被列为优先处理的事项。但我们的调查发现，一方面四川省涉藏地区乡村干部具有极强的政治安全意识与政治敏锐度，另一方面对预防与化解相关社会稳定风险的预判能力尚显不足。其次，对服务供给的相对忽视累积着潜在的社会稳定风险。高度的安全关切，某种意义上削弱了对涉藏地区治理体系现代化所要求的诸多管理与服务能力的建设，从长远来看，将不利于涉藏地区百姓对党委、政府形成坚定的政治归属，反而不利于涉藏地区的长治久安。

五 加强涉藏地区乡村干部能力建设的政策建议

涉藏地区乡村干部治理能力建设所面临的困局，既缘于干部管理制度和相关政策存在不完善之处，也与涉藏地区基层政权建设本身面临的瓶颈问题有关，还有一些更为深层的体制机制方面的矛盾。因此，可从完善乡村干部选拔任用和管理制度、进一步加强基层政权建设和探寻涉藏地区分类管理的制度创新三个层面出发，为涉藏地区乡村干部队伍能力建设提供制度支撑和保障。

（一）建立健全更为科学的涉藏地区乡村干部选拔任用和管理制度

一是树立立足本地人才的人才战略导向，进一步拓宽选拔渠道。结合涉藏地区人才结构欠佳、外来人才留不住的实际，应建立以培养本地人才为主的理念和导向，进而完善涉藏地区各项基层干部政策和制度。完善双语人才和紧缺人才招录政策，建立内地定向招录培养涉藏地区公务员制度，建设"终身服务涉藏地区"的公务员队伍等。二是规范收入待遇休假退休等制度，进一步完善保障激励机制。在休假、退休、医疗等方面充分考虑涉藏地区特殊性，在涉藏地区乡村干部收入待遇方面、后顾之忧等问题上继续提高保障，进一步提高藏区工作待遇。认真落实乡镇非领导职务晋升机制，在内地建设涉藏地区干部就医、子女入学绿色通道，实现与内地同等水平入学就医。密切关注乡村干部思想动态，及时疏导情绪。三是围绕提高精准扶贫能力等，加强教育培训和实践锻炼。积极拓宽培训渠道，制定长远培训规划，全面实现基层干部培训模式从"短、平、快"到"长期、集中、系统"的转型，设立民族地区乡村干部培训基金，加大"双语"培训力度。四是"老中青"结合"选育带"，不断优化乡村干部队伍结构。涉藏地区乡村干部选配中要注重老中青结合，切实优化班子结构，形成有活力、有干劲、能干事的强有力班子。加强以党委书记为重点的乡镇干部队伍建设。注重培养选拔基层党组织带头人，加强乡村后备人才队伍的发现和培养。

（二）建设坚强有力保障充足的涉藏地区乡村基层政权

一是强化基层党组织的战斗堡垒作用。继续强力整顿"软乡弱村"工作，搭建基层党组织综合服务平台，推动和拓展基层党组织"多务合一"，深入实施党员精准扶贫示范工程。二是提高基层政权建设的保障力度。建立健全党建经费保障制度，加大国家和省财政对涉藏地区基层组织建设、服务群众专项经费转移支付力度。加快乡村两级政权基础设施建设，确保每个乡镇有办公场所和相应的办公设备和食堂，有效改善乡镇干部的工作生活环境，切实解决乡村干部"吃住行"等难题。围绕涉藏地区乡村干部的基本工作保障，加强项目和资金争取力度，切实解决乡村行路难、饮水难、通信难问题。加快涉藏地区干部周转房建设，力争将涉藏地区乡村办公用房建设项目纳入中央预算内投资。

（三）探索实施涉藏地区分类管理的制度创新

一是变涉藏地区乡镇政权编制按人口设置为按管理幅度设置。

应充分考虑涉藏地区管辖面积大、反分裂斗争任务艰巨等因素，以政府职能和服务半径为标准重新核定涉藏地区乡镇公务员编制。二是乡镇恢复设置提供基本公共服务的机构。三是完善涉藏地区职级职务并行的相关配套政策，可在涉藏地区乡镇公务员群体中推行与内地不尽相同的职级职务并行政策，适当降低任职年限和工资级别的要求，让更多的涉藏地区乡镇干部享受到职级职务并行政策的红利。

参考文献

杜赞奇：《文化、权力与国家——1900—1942年的华北农村》，王福明译，江苏人民出版社，2008。

周黎安：《行政发包制》，《社会》2014年第6期。

刘伟等：《"项目制"下村庄"政治经济"的结构性变化——基于对川甘交界L村的观察》，《经济新常态的社会改革与社会治理——中国社会学会学术年会获奖论文集》，社会科学文献出版社，2016。

折晓叶、陈婴婴：《项目制的分级运作机制和治理逻辑——对"项目进村"案例的社会学分析》，《中国社会科学》2011年第4期。

周飞舟：《从汲取型政权到"悬浮型"政权——税费改革对国家与农民关系之影响》，《社会学研究》2006年第3期。

陈家建：《项目制与基层政府动员——对社会管理项目化运作的社会学考察》，《中国社会科学》2013年第2期。

亚细亚终结：
中国"乡村振兴战略"转型模式研究

吴秋林*

以家庭为生产单位的亚细亚小农经济生产方式在东方曾经历了数千年的发展历程，成为人类创造农耕文明最为显著的典范，也是中国历史和东方文明的最大最有效的载体，但这个"载体"和生计方式随着中国工业化的实现，在一定程度上已被终结。不过，这种终结是一种历史的进步和发展，也是亚细亚生计方式固有的资源禀赋（人口、自然、文化）的进步和发展的结果。在这样的历史情境下，亚细亚生计方式中的历史遗产也并没有在新的生计方式中失去意义，它的资源要素也会在新的生计方式中进行重组，实现在新的生产方式中的意义，并且以此增进社会的总体发展。中共十九大报告提出了"乡村振兴战略"，确立了"农村农业现代化"新目标，

* 吴秋林，吉首大学特聘教授。

就是这种历史进步的时代体现。我们认为，在当下，中国的农村经济文化发展要实现"农村农业现代化"，大致有四种出路：一是集约化、规模化的种植和经营；二是特种种植和养殖；三是农业景观的利用和开发；四是传统乡村历史、民族文化的开发与利用。中国乡村经济文化的这四种出路基本包含了中国乡村经济振兴的所有模式。

一 中国乡村经济文化研究

中国乡村经济文化研究是近期的一个热词，由中共中央十九大关于"乡村振兴战略"提出而引起。关于中国乡村经济文化研究大致有以下几个方面：一是一大批对于中央"乡村振兴战略"的政策性解读；二是基于中国经济文化历史的研究；三是"乡村振兴战略"的实践研究。

（一）对于中央"乡村振兴战略"的政策性解读

对于中央"乡村振兴战略"的政策性解读的文章有：《从乡村振兴战略展望我国农业农村现代化前景》[1]、熊小林的《聚焦乡村振兴战略探究农业农村现代化方略——"乡村振兴战略研讨会"会议综述》[2]、陈锡文的《实施乡村振兴战略，推进农业农村现代

---

[1] 《擘画新时代"三农"的壮美画卷——从乡村振兴战略展望我国农业农村现代化前景》，《人民日报》2017年12月28日，第1版。

[2] 熊小林：《聚焦乡村振兴战略探究农业农村现代化方略——"乡村振兴战略研讨会"会议综述》，《中国农村经济》2018年第1期。

化》① 和《乡村振兴是关系中国全面发展，并最终建成现代化强国的大事》②、钟钰的《实施乡村振兴战略的科学内涵与实现路径》③、刘合光的《乡村振兴战略的关键点、发展路径与风险规避》④、张红宇的《乡村振兴战略与企业家责任》⑤ 等。这些文章均是对中共中央十九大"乡村振兴战略"的快速解读，是学界对于中国农业发展研究的国家层面的政策性反应，确实快速地解决了国家从政策层面出发的理论问题，对于中国农业发展的研究具有指导意义。比如熊小林的《聚焦乡村振兴战略探究农业农村现代化方略——"乡村振兴战略研讨会"会议综述》中表明，中国的学者从"乡村振兴战略提出的时代背景及历史意义""乡村振兴战略的内涵和必须坚守的重大原则""实施乡村振兴战略的前提保障""实施乡村振兴战略的根本目标和重要举措"这几个方面提出了一系列的策略应对。陈锡文在《实施乡村振兴战略，推进农业农村现代化》一文中，也提出了如何实现中国"农业现代化""农村现代化"的意见。他认为"农业现代化"有"三方面大的要求"：一是"构建现代农业的产业体系、生产体系和经营体系"；二是"健全农业的支持保护体系"；三是"发展多种形式适度规模经营，培育新型农

① 陈锡文：《实施乡村振兴战略，推进农业农村现代化》，《中国农业大学学报》（社会科学版）2018 年第 1 期。
② 陈锡文：《乡村振兴是关系中国全面发展，并最终建成现代化强国的大事》，《中国农业文摘·农业工程》2018 年第 1 期。
③ 钟钰：《实施乡村振兴战略的科学内涵与实现路径》，《新疆师范大学学报》（哲学社会科学版）2018 年第 5 期。
④ 刘合光：《乡村振兴战略的关键点、发展路径与风险规避》，《新疆师范大学学报》（哲学社会科学版）2018 年第 3 期。
⑤ 张红宇：《乡村振兴战略与企业家责任》，《中国农业大学学报》（社会科学版）2018 年第 1 期。

业经营主体，健全农业社会化服务体系"。实现"农村现代化"，"要认识到中央对乡村振兴的总要求，就是'五位一体'总体布局在农村工作中的体现"，"乡村社会的治理有效，是下一步实现农村现代化的关键所在"。

（二）基于中国经济文化历史的研究

在"乡村振兴战略"的背景下，基于中国经济文化历史研究的文章不少，代表性的文章有温铁军的《生态文明与比较视野下的乡村振兴战略》[①]，以及索晓霞的《乡村振兴战略下的乡土文化价值再认识》[②]，张军的《乡村价值定位与乡村振兴》[③]。张军的文章从对比研究的角度论述了中国乡村的经济文化价值。温铁军和索晓霞的文章非常有意思，前者是从宏观的历史文化角度来阐述"乡村振兴战略"的意义，后者是从微观的角度来研究"乡村振兴战略下的乡土文化价值再认识"。温铁军认为："生态文明本身就是由气候变化所形成的人类社会结构变化而引起的生态变迁。中国东部的农业如何由原生农业不断拓展，最后演变成了东北亚和东南亚的次生农业？原因就是生态条件：人类最早是在亚洲大陆的两端形成早期农业的生产方式。"在东亚，其农业一开始就是多样化的农业体系："在东亚则是四河流域，即江淮河汉，也可以用'四河文明'的稻、黍、豆、桑四大作物来代表东方对人类农业文

---

①　温铁军：《生态文明与比较视野下的乡村振兴战略》，《上海大学学报》（社会科学版）2018 年第 1 期。

②　索晓霞：《乡村振兴战略下的乡土文化价值再认识》，《贵州社会科学》2018 年第 1 期。

③　张军：《乡村价值定位与乡村振兴》，《中国农村经济》2018 年第 1 期。

明的四大贡献。这主要是因为东方四河流域面积宽广，又是沿着三级地理台阶而下，且被五大气候带所覆盖，所以东方农业在距今 12000 年前的起源之初就是多样化的。"他认为，这样的农业文明体系是一种"灌溉农业"，这样的农业要求"人们要聚落而居，需要大量劳动力共同劳作，因此多子多福，安土重迁"。他认为，这样的农业社会是"稳态社会"，是"多神崇拜，多教融合"的信仰文化，"中华民族几千年来拥有多样性的生存方式，包括社会方式、经济方式、文化方式"。他还认为，中国的乡村治理自古以来一直是一种低成本的村社自治，而且这样的"村社自治"是"国家政治的稳定基础"，"就下层社会的乡村治理而言，与中央王权集中管理的上层制度有实质性差异。上层社会主要是通过郡县来实现国家对社会的控制与协调，而郡县以下的乡村，长期是低成本自治的自给自足社会。上层社会是官治，下层社会是自治，才能构建低成本稳定的国家二元体制"。他认为："中国下层社会长期存在良绅自治，其中'文'与'治'一般是一体的，维护文明的一定是良治。"还认为这样的理解才能与十九大报告提出乡村振兴 20 字方针相符合。归纳而言，温铁军认为中国的农业文明具有自己的文化多样性，以及其生态文明在自然和人文两个方面的深刻表现，十九大提出的乡村振兴战略，以及实现农村农业现代化的指导思想，是非常符合中国的历史文化情境和中国现代化发展国情的，所以他最后说："总之，当中国加入全球化的时候，怎么才能让这个最大发展中国家立于不败之地？关键在于中央政府逆周期的综合协调能力和基层政府夯实乡土基础应对软着陆的能力。所以我们现在就要补短板，再平衡，从工业供给侧改革、农业供给侧改革，进一步过渡到全面贯彻生态文明、乡村振兴这些国家重大战略。这是中共'十九大'的重要精神体现。"①

索晓霞的文章则是从微观的角度分析了乡土的文化价值。文章从"乡土文化正面临一个机遇与挑战共存的历史时空""乡土文化价值再认识的基本路径：时间之轴、空间维度、整体视野、内部观照""新时代条件下对乡土文化价值的几个基本判断"三个维度论述了其在乡村振兴战略背景下的乡土文化价值。她认为："乡土文化是乡村振兴凝心聚力的黏合剂和发动机，是城乡融合发展的巨大文化资本，是中国特色乡村文明的多样性文化构成，是中国生态文明建设离不开的传统文化基因。保护乡土文化的多样性就是保护一体多元的中华文化多样性。乡村振兴战略推进过程中要保护好乡土文化，乡村振兴战略需要传统乡土文化的现代转型。"②这样的论述正好印证了温铁军的"良绅自治"在乡村振兴战略推进中的意义。

（三）"乡村振兴战略"的实践研究

在"乡村振兴战略"的实践研究中，研究乡村治理和建设的有王晓娜的《乡村治理秩序：历史梳理与现代构建》③，周立、李彦岩、王彩虹、方平的《乡村振兴战略中的产业融合和六次产业

---

① 温铁军：《生态文明与比较视野下的乡村振兴战略》，《上海大学学报》（社会科学版）2018 年第 1 期。
② 索晓霞：《乡村振兴战略下的乡土文化价值再认识》，《贵州社会科学》2018 年第 1 期。
③ 王晓娜：《乡村治理秩序：历史梳理与现代构建》，《中共福建省委党校学报》2017 年第 12 期。

发展》①，廖林燕的《乡村振兴视域下边疆民族地区乡村治理机制创新研究》②，黄增付的《土地经营权流转与乡村秩序整合》③，张国芳、蔡静如的《社区赋权视角下的乡村社区营造研究——基于宁波奉化雷山村的个案分析》④，张诚的《个体化进程中乡村重建研究》⑤，乐冰馨的《美丽乡村建设背景下的农村空心化问题治理——基于南京市的实地调查》⑥，霍拥军、赵武、周波的《美丽乡村生态园林示范村建设模式探析》⑦，李小建、杨慧敏的《乡村聚落变化及发展型式展望》⑧，郑祖艺、廖和平、杨伟、赵振洋的《重庆市县域乡村类型划分及格局特征——基于乡村发展水平和转型评价》⑨ 等。这些研究涉及乡村治理、产业发展、机制创新、社区营造、乡村秩序、空心化、美丽乡村建设、乡村聚落等主题。

涉及乡村旅游开发的有刘曙霞的《新媒体视角下乡村旅游社

① 周立、李彦岩、王彩虹、方平：《乡村振兴战略中的产业融合和六次产业发展》，《新疆师范大学学报》（哲学社会科学版）2018 年第 3 期。

② 廖林燕：《乡村振兴视域下边疆民族地区乡村治理机制创新研究》，《西北民族大学学报》（哲学社会科学版）2018 年第 1 期。

③ 黄增付：《土地经营权流转与乡村秩序整合》，《南京农业大学学报》（社会科学版）2018 年第 1 期。

④ 张国芳、蔡静如：《社区赋权视角下的乡村社区营造研究——基于宁波奉化雷山村的个案分析》，《浙江社会科学》2018 年第 1 期。

⑤ 张诚：《个体化进程中乡村重建研究》，《山西农业大学学报》（社会科学版）2018 年第 2 期。

⑥ 乐冰馨：《美丽乡村建设背景下的农村空心化问题治理——基于南京市的实地调查》，《安徽农业科学》2018 年第 2 期。

⑦ 霍拥军、赵武、周波：《美丽乡村生态园林示范村建设模式探析》，《吉首大学学报》（社会科学版）2017 年第 S2 期。

⑧ 李小建、杨慧敏：《乡村聚落变化及发展型式展望》，《经济地理》2017 年第 12 期。

⑨ 郑祖艺、廖和平、杨伟、赵振洋：《重庆市县域乡村类型划分及格局特征——基于乡村发展水平和转型评价》，《西南大学学报》（自然科学版）2018 年第 2 期。

区参与机制研究》[1]，蔡文芳的《乡村旅游对农村经济发展的影响》[2]，文晓丽、杨仙艳、刘伟平的《乡村旅游消费者研究——概念、群体特征及行为过程》[3]，陶玉霞、郭哲的《中国乡村旅游发展三维系统研究》[4]。乡村旅游是乡村自然景观、农业景观、历史文化景观、民族文化等资源"资本化"的一个乡村发展议题，在当下受到人们的特别关注，成为"乡村振兴战略"的热词之一。

二　工业化境遇中中国农村经济文化的四种出路

在中国工业化深入发展的今天，有两个经济数据最为引人瞩目。一是中国农业经济的占比在 2017 年不到 9%，人口的城镇化率还没有超过 60%。有专家认为，到 2030 年，中国的城镇化率将达到 70%，但按照这个比例，仍然还有近 4 亿人口居住在农村。我们一方面全力推进国家的城镇化，促进国家工业化情境中的总体发展；另一方面确立了"乡村振兴战略"，致力于"农村农业现代化"，表面上看好像这是一对矛盾，其实这样的战略布局是中国在未来总体上协调发展的"推进器"，农村农业现代化也是中国现代工业化的大局。在这样的大局中，中国的乡村有两个方面最值得

① 刘曙霞：《新媒体视角下乡村旅游社区参与机制研究》，《吉首大学学报》（社会科学版）2017 年第 S2 期。

② 蔡文芳：《乡村旅游对农村经济发展的影响》，《吉首大学学报》（社会科学版）2017 年第 S2 期。

③ 文晓丽、杨仙艳、刘伟平：《乡村旅游消费者研究——概念、群体特征及行为过程》，《云南农业大学学报》（社会科学）2018 年第 1 期。

④ 陶玉霞、郭哲：《中国乡村旅游发展三维系统研究》，《云南农业大学学报》（社会科学）2018 年第 1 期。

关注：一是乡村治理，二是乡村发展。这后一个关注点就是本文的主题，也是中国农业经济在工业化中最大的破局之处。

在中国工业化发展的道路上，中国的农业经济比重一直都呈下降趋势，农业经济的比重越低，证明中国工业化的发展越好，但今天，中国传统农业却到了要在工业化情境中实现自身现代化的关键转折点。中国传统农业的基本性质一直都是"亚细亚"式的，一直都是一种自给自足的生产性质，与工业化的商品生产格格不入。但在今天，这种转型已到来，"亚细亚"一定要终结，农业的现代化一定要到来，传统的农业生产一定要向商品生产转型。

在长时间的乡村经济文化调研中，我们似乎看到了中国农村经济文化的四种出路：一是集约化、规模化的种植和经营；二是特种种植和养殖；三是农业景观的利用和开发；四是传统乡村历史、民族文化的开发与利用。

1. 集约化、规模化的种植和经营

中国的农业从耕作制度上来说起源于古代的"井田制"。"方里而井，井九百亩。其中为公田，八家皆私百亩，同养公田。公事毕，然后敢治私事。"（《孟子·滕文公上》）即自古（夏、商）以来都是一个围绕"国家公田"而耕作的小型聚落。

从自然环境生态上来说，中国古代的农业均是"灌溉农业"。在我们的调查中，中国现今的传统农业包含四种方式：一是北方的旱地农业；二是南方的水田农业；三是青藏高原的高原农业；四是沙漠内陆地区的绿洲农业。第一种农业灌溉性质不用言表，"水利是农业的命脉"的农业发展指导方针就是从北方发出的。第

二种农业灌溉性质更不用说了,不管是在山上,还是在平坝,"无水不欢"。第三种高原农业虽然耕作粗放,但也是需要高山雪水灌溉的。第四种沙漠中的绿洲农业也是要有一定的灌溉系统的。

从文化精神观念来说,这样的农业都是自给自足的,从制度上讲虽然需要为"公"而进行生产,但系统性的自给自足是东亚农业生产最高境界,过度生产是浪费,因为粮食保存超过三年就会变质,而且荒年贮备主要是国家管理者思考的问题。

正是这样三种因素决定了东亚中国的传统农业生产的"亚细亚"性质,即小型聚落,并且是以家户为单位的组织形式进行生产,生产的目标是自给自足,而国家的管理战略也是"民以食为天",粮食是一个国家安全的基础,也就是说,中国过去的农业生产,从家庭和国家层面,都不是为了今天的"商品"生产。但今天对于农业生产的要求已经发生了根本性变化,农业可以在一个国家中发展成为一个重要的产业门类,也可以是国家工业化的一个组成部分,"农业现代化"的提出,就是基于这样的理念,而且中国经过30多年的工业化发展,已经具备了把农业也作为工业化国家一个产业来发展的基本条件。但要实现这样一个目标,关键就是其生产性质的改变,即把传统农业自给自足的生产转化为商品生产,把传统农业生产中的产品从一种养活自己和国家的食物,变为一种可以进入市场交易的商品,并且从中再获得生产者生活的一切物质。这就需要中国传统的农业生产转型,而实现这种转型的第一重要模式就是:集约化、规模化的种植和经营。只有这样的方式才可能生产出符合市场经济的商品,才能走出中国农业现代化的第一步。

集约化就是需要种植足够的单一品种，规模化就是需要一定规模的数量，只有实现这两个条件，才会出现足以在市场上进行交易和竞争的商品，实现商品和市场追逐的"利润"，最终实现这种生产方式的意义。而这些，恰恰都是与中国传统农业相对立的矛盾。中国传统农业在生产制度上是以家庭为单位的生产，从地理生态环境上说传统农业的许多生产地被环境分割，就传统农业生产的精神观念而言，农业生产者进行商品生产的内生动力不足，或者说认识不足。在欧美，农业生产的农场化早已解决了这个问题，但中国要实现农业现代化转型，困难重重。制度上，国家从"城镇化"、农村"土地流转"等方面入手，已经取得了显著进展；地理分割使得集约化、规模化的种植和经营只能选择具有一定规模的种植系统，小型和特定的种植系统一方面保持原来的传统种植方式，另一方面向特种种植发展；种植观念的转变则是一个长期过程，但效益和利益关系的平衡会改变一切。

在中国农村，要实现这样的转型，从当下的实践来看，一般有三种形式：一是政府出面把土地流转出来，再引入农业公司进行集约化、规模化的种植和经营；二是在一定片区引入农业经营公司，把集约化、规模化种植的前端交给分散的农户，农业经营公司按照合同收购集约化、规模化种植的产品，进行后半段的集约化、规模化的经营，即"公司加农户"；三是建立农村合作社，利用基层村社的自身变革，组织集约化、规模化种植和经营。但这三种形式在制度规定和商品生产逐利性质的前提下，利弊参半。一部分利用荒山、荒滩而建立的农业公司，也构成了中国农业现代化的一个组成部分。

这是中国农业现代化的最为基础的部分，因为这一部分的农业生产决定了其农业产品的主体部分。如果这样的转型能够实现，中国的农业现代化就能基本实现，反之亦然。所以，集约化、规模化种植和经营转型，是中国实现农业现代化最为关键的一步。我们不能完全照搬欧美的农场式样的农业现代化，中国有几千年的历史，但走中国的农业现代化道路要坚定不移，唯有根据国情，从加快城镇化，乡村治理与集约化、规模化种植和经营结合，加快现代化技术和商品经济意识的农村渗透，继续从乡村寻找变局的内生动力入手，逐步稳健地推进集约化、规模化种植和经营的变革。

2. 特种种植和养殖

人们经常说，在中国，我们用很少的土地资源和水资源，养活了世界上20%的人口。这句话在我考察四川巴塘县城7公里外一个藏族小村时，显得格外鲜活。这个村子只有11户人家，土地也就几百亩，在村子的后山有一条小溪，村民简单地用几块石头堵了一下溪水，使溪水流向一条小沟，这小沟一直向下，灌溉了这个村的几百亩山地，养活了这个小村的近百人。这是我看到的中国最小的土地灌溉种植系统，中国大地上，这样的种植系统数以千万计，而这样的种植系统完全不符合欧美农场化的农业生产，也不能进入我们所说的第一种中国农业现代化的转型模式，因为它太小了。但它却养活了中国巨量的人口，这可能就是前面所说的"很少的土地资源和水资源，养活了世界上20%的人口"的谜底，即我们的先民开发了一切可以利用的有限水资源进行种植的大小系统。同样，在中国要实现农业现代化的今天，这些小型种植系统也是要纳入中国农业现代化进程的，这就是其另外一个转型模式：特种种植和养殖。

在中国，一些小型的种植系统不可能进入集约化、规模化的种植和经营，但这样的地方往往可以表现出特有的资源禀赋，即某种特别的农业产品就可以生长在这样的地方。一些地方由于特定的地理环境拥有特别品质的禽类和畜类，这样的产品在商品市场上是一种特别的存在，会体现出同类产品不同的价格和价值，故通过特种种植和养殖，也可以使得这样的小型种植系统，以及特定的地理环境中的养殖，进入现代农业的商品生产，参与中国实现农业现代化的进程。

在贵州省册亨县的一个小山村里，一家公司在这里建立了种羊场，为周边的村民提供种羊，进行一种特别品质商品羊的养殖，最后由公司全部回收，再进入市场销售，而这里的地理环境为喀斯特峰丛地带，特定的植物资源丰富。同样，贵州省紫云县某地的一种特别的红薯，区域限定范围不大，产量也不高，但品质特别，也具有地理产品 GIS 定位的市场商品性质。这样的地域性传统的特种农产品，经过适当的商品生产定位和包装，也可以成为具有市场经济意义的特种种植资源和产品。

这样的小型种植系统和特定的地理环境产品，在中国农业现代化生产中是大有可为的，因为我们几千年的传统农业开发，这样的小型地域种植系统千千万万，故特种种植和养殖也可以成为中国农业现代化的重要组成部分。

3. 农业景观的利用和开发

中国的农业源远流长，万余年的历史缔造了东方文明之外，其本身的农业遗产也是世界独一无二的。按照后工业化社会发展的理念，这笔农业遗产是可以进入现代化发展的重要资源，也是中国农业现代化的一个重要组成部分。

中国传统农业景观可以区分为许多类别：一是农业种植本身呈现的景观资源；二是农业种植与自然环境结合的景观资源；三是农业水利工程形成的景观资源；四是传统农业工程景观资源等。宽泛一点，一些林业树木（果木林）景观资源也可以作为传统农业景观资源。

第一种类型的农业景观资源开发是利用传统农业种植中某一时段具有的审美观赏价值，来进行组织开发利用的，它不影响原来农业种植的过程，只是利用和发掘了它的某一时段的旅游观赏价值，比如罗平油菜花利用的就是油菜的开花季节。利用大面积种植农作物开花作为景观资源开发利用，在中国已经成为传统农业景观开发利用的一条经典路径。油菜花和向日葵开花是被利用得最多的农业景观，其次是紫云英、薰衣草等。这样的农业种植景观不但成为独立的景观资源，进而形成特定的农业种植景观景区，而且其景观也成为一种类型，进入现代园艺景观的设计。比如，一些景区里成片地种植具有观赏价值的油菜和向日葵，开花时就成为景区景观的重要组成部分。

还有对于其色彩的开发利用，比如春天的绿色，秋天的金黄色。这样的传统农业种植景观资源一旦被"组织和利用"，立即就会成为现代旅游开发的要素之一。

对于这样的农业种植景观资源的开发，中国的农业部门早就有了举动，在中国农业种植中，早就出现了"景观农业"的概念。在贵州省某地，一个山间小型盆地的水稻种植中，就出现过专门的"景观农业"的项目资助，于此修筑观景道路、开辟专门的观景区域、建设停车场，等等。

第二种类型的农业种植与自然环境结合的景观资源，在中国可能表现得更为广泛。

在西藏的羊卓雍措，以及其他一些景区，在每年的7月前后，湖区都会出现成片的油菜花地，使这里观湖色彩更为丰富，为人喜爱。但这些油菜花一般不会有人关心它是否结实，只是用作观赏。深究一下，可能是当地政府特地关照播种的。在贵州省兴义市的万峰林景区，油菜的种植也是被"安排"的，当地传统种植的农业景观资源一直是万峰林景区的一个重要景观部分。

第三种类型的农业水利工程形成的景观资源，可以说在中国自古就有，历史悠久的水利工程景观有四川的都江堰，现代的有人工天河之称的红旗渠。这样的农业景观资源自我完整性很强，也非常容易进入现代农业开发的资源组合状态。

第四种类型的传统农业工程景观资源，也是传统农业景观资源的重要组成部分。最为典型的就是元阳梯田。这样的农业景观资源形成有一定的特定性质，比如元阳梯田的南方山地、水稻种植等，不是随意在某地就可以复制的，故它属于特定区域的传统农业景观。

依附于农业种植系统的林业种植景观资源，在景观资源上可以归属于传统农业种植系统，春、夏观花，夏、秋尝果，是其景观资源开发的经典路径。

4. 传统乡村历史、民族文化的开发与利用

中国的传统农业生计方式几千年来培育了底蕴深厚无比的传统乡村历史和民族文化，而这些，在现代化发展的语境中，既可以作为资源来开发和利用，也是中国农村实现现代化转型发展的一条重要路径。

在这方面的资源开发利用中，最为典型的乡村旅游开发，即乡村的建筑、民俗、风情、民族、工艺、艺术、食物等，都可以作为旅游开发的重要元素，"生产"出具有现代性的"旅游产品"，而且这样的开发利用往往是集合型的，"修路""修门"之后就可以成为所谓的"景区"。比如安徽、浙江一带名为"古镇"的村落；又如在贵州名为"民族村寨"的西江和肇兴，一个是"苗寨"，一个是"侗寨"。

但这样的开发问题较多，因为评价这种开发的标准一般都很单一，即"收到钱没有"，收到了为"成功"，没有收到为"失败"。这样的开发都是打着"保护"的名义进行的，但资本的逐利本性在市场中是最为根本的，而开发利用一定要进入市场，并且"接受"这样的本性制约，传统村落历史、民族文化的开发利用也不例外。中国在这样的开发中，北方的此类开发倚重的是历史文化，南方倚重的是民族文化，前者多发怀古忧思，后者多想象奇风异俗。在这样的旅游开发中，旅游者的"眼睛"可以"牵动"

旅游开发中所展示的历史、民族文化的走向，而且花了钱的旅游者很少会主动理解和尊重被利用和开发的文化。可以说，涉及"文化"的事物，很难在开发利用中做到两全，故这样的开发利用要慎重。

三 四种出路中的经济文化转型

这四种"突围"，是我们目前在中国乡村经济文化发展中最为常见的"出路"，即在工业化的发展中，中国的传统农业一再被边缘化，虽然我们在许多的年份中，中央一号文件一直都是关于农业问题的文件，但在国民经济中，每年传统农业经济总量略增，占比却一降再降，所以，中国的传统农业一直都是个"问题"，一直都需要寻找出路、解决问题。从中国的现代化发展大局而言，其传统农业一直是个"问题"，这是个"好事"，证明我们一直都在一步一步地远离我们赖以生存千年的"亚细亚"，正在走向一个全新的世界。但是，如何利用和盘活这些我们赖以生存的自然社会和人文社会资源，使其在中国现代化的建设中转型为一种新的发展业态，一直是农业发展中存在的问题。今天国家提出"农村农业现代化"，就是为了解决这一问题。

以上对四种传统农业出路的梳理，可以说就是为了实现"农村农业现代化"的实践性分析。在这样的分析中，我们看到，实现"农村农业现代化"有两个要点。一是传统农业的资源禀赋一定要符合现代化发展的转型，摆脱传统农业生产的性质，进入商品经济生产的轨道。要实现这样的生产性转变，就要改造传统农业的资源要素，使其成为符合市场经济要求的资源禀赋。二是这样的农业现代化生产已经是所有的资本和技术都可以进入的地方，是一个谁都可以来建立"农业工厂"的地方，是中国工业体系的一个组成部分。这样，四种出路的追寻可以使之成为一种转型，成为实现"农村农业现代化"转型的几种模式。

在以上所述的四种转型中，由于资源禀赋的不同，其路径和过程也是不同的。

第一种出路希望完成的是由"自给自足"的生产向现代商品生产的转化，这主要是经济学意义上的，传统农业如果不能实现这样的转化，不把粮食变成一种产品，农业就无法在现代工业化的现实中生存。但这条路径主要在中国大型的种植系统中实现，即平原地区，农业作物可以成片种植在土、肥、水、种具有高度一致性的地方。它的出现可能会改变"家庭承包经营"的格局，但这样的农业政策关涉面很广，牵一发而动全身，故而不能"学习"西方的农场制，要实现集约化和规模化的种植，这样才能有效地利用现代农业技术和实现最终的市场经济商品化生产。在实践中，中国已经有了许多成功的实验，这个局可以"破"。如果实现了第一种转型，中国"农村农业现代化"的主要部分就可以完成，就可以建立中国特色的农业工厂，从而进入中国的工业生产体系，与整个国家的体系化的现代生产同步。

第二种是基于特定的地理环境和自然环境，不能实现第一种"突围"，但这样的特定却可以造就特种商品的出现，反而成为一种优势。有很多特定的山区、沙漠、海区，有着生产小地域特定作物和牲畜的传统，故而特种种植和养殖反而成为该地域农业的一种出路。这样的转型路径是基于中国几千年农业实践而言的，在中国，人们在历史上为了养活不断繁衍的人口，开垦了大面积的农业区域土地，建立了一个又一个区域性水利设施，形成一个又一个不同的富有特色的农业文明区域。同时也开垦了一些特定区域的土地和小型、微型的种植系统，比如高原农业区域、绿洲农业区域，以及山间谷地的小型和微型区域。在这样的农业种植系统中，它们的转型没有可能走集约化规模化转型的路子，但这样的区域在历史上同样养活了数量庞大的人口，也是需要实现"农村农业现代化"的一个重要组成部分。

第三种农业景观的开发和利用也是中国乡村经济文化的一种出路，于此例证很多，它也能使一些地方融入现代工业社会的发展，但这样的资源利用受到交通、环境、气候、信息等一系列限制，其资源禀赋的要求也比较特殊，并不适合普遍发展。

第四种"突围"主要是亚细亚农业文化遗产的利用，有利用传统村落的，有利用民族文化的，有利用地域文化的……但不管如何利用，都包含了中国乡村仪式和传统信仰的根性理解。那种把村民迁移出来搞乡村旅游的做法，把"民宿"建设成为一种模式和标准，把乡村旅游商品模式化、标准化，把民族文化奇风异俗化等一系列的"作为"，都是有害无益的。可以说，这一部分的开发是中国"农村农业现代化"最需要商榷的部分。在现今的许多开发中，问题重重，资源的浪费和文化的伤害事件频发，而且非遗、文物保护、古村落保护的多重国家力量也"深陷其中"。

四　小结

在未来的中国"农村农业现代化"发展中，这四种路径能够成为一种转型模式，还是仅仅成为一种中国传统农业的"出路"，可能在实践中都不是特别重要，但这样的过程一定会在很大程度上终结"亚细亚"的传统生计方式。因此，过去的国家社稷、村社祭祀和仪式、血缘祖先崇拜和信仰，日出而作、日落而息的节奏，桃花源的梦幻、乡愁等会在哪里依存？会在什么样的文化重构中获得新生？这才是我们需要认真思考的。

下司淑里村发展的路径探析

王乾慧[*]

摘　要：乡村振兴是全面建成小康社会的重要环节之一。发展是硬道理，发展的同时总是要面临许多的困境。淑里村近年来变化非常大，在其发展的过程中困难重重，但在政府的领导及村民们的努力之下，淑里村在不断发展，打造新农村新风貌仍在继续。本文介绍了下司淑里村近年来的发展情况，并分析其发展中的困境，提出相应的建议。

关键词：淑里村　发展与挑战　乡村振兴

2020年是全面建成小康社会的决胜之年，按照十六大、十七大、十八大、十九大提出的全面建成小康社会各项要求：紧扣我国社会主要矛盾变化，统筹推进经济建设、政治建设、文化建设、社会建设、生态文明建设，坚定实施科教兴国战略、人才强国战略、创新驱动发展战略、乡村振兴战略、区域协调发展战略、可持

---

　*　王乾慧，仡佬族，贵州凯里人，贵州民族大学马克思主义学院，马克思主义民族理论与政策专业2017级硕士研究生。

续发展战略、军民融合发展战略，突出抓重点、补短板、强弱项，特别是要坚决打好防范化解重大风险、精准脱贫、污染防治的攻坚战，使全面建成小康社会得到人民认可、经得起历史检验；可见实施乡村振兴战略的必要性，做好农村工作是一项重要的使命。贵州省发展相对缓慢，着手农村发展是脱贫重要战略之一，农村发展相对滞后，面临着交通、居民住房、医疗等方面的问题。

一　淑里村发展的现状

淑里村是个美丽的村庄，是贵州省凯里市下司镇管辖村。淑里村气候适宜，环境优美，空气清新，植被覆盖率高，污染程度低，因此，淑里村保持着良好的生态环境。同时，淑里村交通便利；村委会办公所在地为淑里，所辖村为淑里；行政区面积为1.43平方公里，耕地面积为6541.4亩；汉族、仫佬族、苗族等是淑里村主要民族。该村的发展口号是"强化建设、增加收入"，其中，种植业、养殖业为经济产业，种植业主要是种植水稻、蔬菜、蓝莓、草莓等产品；养殖业主要是规模养猪、养鸡，农民们加入养殖合作社，养猪、养鸡产业的发展取得有效成果。

随着科学技术的发展，在乡村振兴重要目标的带动之下，淑里村的过去与现在的发展状况大不相同，呈现出欣欣向荣的态势。以前的淑里村是一种自给自足的经济状态，人们一直坚持这种生活状态，随着时代的变化，淑里村也在逐渐发展，迎来了使人们更加幸福的生活环境。这主要体现在经济快速发展上面，并且从这方面清楚地展现淑里村的发展状况。

近年来，淑里村变化显著，特别是在经济方面取得了很大的成效。淑里村逐渐发展了种植业、养殖业、旅游业等，因此，人们的经济收入也在逐渐提高。

1. 产业成效显著

2016 年，下司镇认真落实"大产业"行动，按照"一村一品、一村一特"的思路，因地制宜，做精草莓、做强蔬菜、做特种养，使各村经济平稳快速增长。一是做精草莓。通过下司草莓专业合作社引进优质草莓苗在本地进行推广，草莓品质较往年有更大提升，草莓个大香鲜，果型圆润饱满，深受客户喜爱，产值大幅提升，农户种植的草莓亩产值 2 万元以上，户均增收 1.3 万元以上。二是做强蔬菜。大力实施"5 个 6+3"工程和"6 个 100 万"工程，2016 年在巩固提升 2 个菜篮子基地的基础上，引导新创建成立专业合作社 3 个，新增家庭农场 2 个，成立农业公司 2 个，上半年蔬菜种植面积达 17500 余亩，通过指导蔬菜规范化、标准化、无害化种植，确保了凯里市蔬菜市场的健康稳定。[①] 三是做特种养。充分利用山地资源，大力发展特色种植养殖业，形成"一村一特"的产业格局。在较为边远的新华村、瓮港村发展核桃种植，在铜鼓村、和平村发展莲藕和玛瑙樱桃种植，在瓮港村推广"五黑食品"种植，在新民村、新华村、沙飘村发展生态养猪、生态养鸡，在花桥、瓮港、沙飘村推广稻田养鱼等。做好美国绿头鸭饲养，同时把下司犬的饲养与电子商务相结合，扩大养殖规模，拓宽销售

---

① 唐厚钟：《下司镇"精、强、特"落实"大产业"行动》，http://www.kaili.gov.cn/xwzx/xzdt/201609/t20160923_1039846.html。

渠道，使下司镇的特色种植养殖产业成为农民增收的又一重要渠道。

2. 打造特色旅游项目

在 2015 年，下司镇草莓示范园被列入 2015 年全省现代高效农业示范园区，为当地草莓产业加快发展提供了大平台和助推器。该项目区覆盖下司镇的 5 个村，其中就包括淑里村，该项目实施年限为 4 年，从 2015 年开始，到 2018 年结束。通过这几年建设，凯里经济开发区计划修建机耕道 2500 米、排灌沟渠 5600 米，新建有效容积达 500 立方米的气调库及其包装和配送中心等附属设施。每年实施田型改造及土壤改良培肥 2000 亩；配套节水灌溉设施 1000 亩；规范化、标准化、专业化示范种植草莓 6000 亩，无害化、绿色化、有机化种植草莓 500 亩，建设优质脱毒草莓苗苗圃 200 亩，成立草莓品种试验示范基地，每年培育 500 万株草莓苗，培训、培养草莓种植能手 800 人，努力将下司镇建设成无公害农产品、绿色食品、有机食品产业园区，打造成为集草莓田园观光、劳动采摘体验、乡村休闲旅游于一体的省级现代高效农业示范园区。① 淑里村这些年的发展是见成效的，产业的发展更是带动了当地的经济发展。

在 2017 年"凯里发展'新地标'——凯里乾兴生态农林观光园"项目开始实施。凯里乾兴生态农林观光园积极整合生态农业、生态体育及民族文化资源，致力打造集食、住、行、游、购、娱六

---

① 《凯里市下司镇草莓示范园跃升为全省现代高效农业示范园区》，凯里新闻网，http://www.kaili.gov.cn/xwzx/zwyw/201609/t20160923_1035775.html。

大旅游要素及体育运动、健康养生、农耕体验活动为一体的高端休闲度假胜地,成为立足凯里市、辐射黔东南、面向全中国的独具特色、不可复制的区域名片。凯里乾兴生态农林观光园清枫谷项目,位于凯麻同城规划核心区域——凯里市下司镇淑里村,距离沪昆高速下司站6公里,距离沪昆高铁南站15公里,距离贵广高铁都匀东站35公里,距离凯里市区25公里,距离凯里黄平机场52公里,距离贵阳龙洞堡机场120公里,交通十分便利。[①] 良好的生态环境和便利的交通,给淑里村提供了更加有利的发展基础。总的来说,由于政府对产业的扶持及各种旅游项目建设,淑里村发展变得极为迅速,这是一个非常可观的发展景态。

二 淑里村发展优势与困境

(一) 淑里村的发展优势

1. 自然条件优越、物产丰富

第一,水资源丰富,堪称鱼米之乡。清水江支流贯穿淑里村,河水清澈见底,由于水资源未受到污染,水中鱼比较多,种类丰富,数量最多的则是鲫鱼。近年来,养殖稻花鱼的农户在增加,由于河两畔是稻田,水资源丰富,稻田不会干涸,大部分的村民开始养殖稻花鱼,每年平均产量在300公斤左右,年均收入为15000元左右。稻花鱼肉质鲜美,因此,稻花鱼成了淑里村的特色产品,

---

① 《凯里发展“新地标”——凯里乾兴生态农林观光园》,http://www.kaili.gov.cn/ztzl/cjqgwmcs/201710/t20171031_2813345.html。

许多外地人慕名而来购买稻花鱼。另外，由于水资源非常丰富，在淑里村不会出现旱灾，每年稻谷产量高，每亩均产600~700斤稻谷，对农户来说是一件可喜之事。淑里村种水稻极少有农户使用农药、化肥，产出的水稻为有机水稻，许多散客慕名而来，专寻有机水稻。总的来说，淑里村山美水美，水资源丰富，树木丰茂，空气清新，田间能寻宝，是个旅游度假的好去处。

第二，交通便利，地理位置优越。交通是一个地方发展的重要条件，交通是否便利对当地产生很大影响，它不仅加速了与外界的交流，同时带动商业链的顺利运行，从而加快当地的经济发展。淑里村有一俗语："上通都匀，下通凯里。"淑里村地理位置非常优越，从凯里方向可乘坐公交车和客车等到达目的地。由于淑里村地处下司古镇上游，可作为下司古镇的一条旅游路线，2020年，在淑里村境内修建完成了一条"凯都大道"，这是凯里和都匀相通的旅游观光大道。因此，从整体上来看，淑里村交通的便利使淑里村发展的脚步加快。

2. 村民发展意识提升，民族关系融洽

近年来，淑里村在各方面得到迅速发展，大多数在外打工的人选择回到家乡，筹划家乡的建设工作。最为突出的表现为：一方面，村民们的发展意识在提升；另一方面，淑里村各民族间相处越发和谐，关系更为融洽。淑里村王主任是一个有文化、懂事理、处事能力较强的领导干部，他在任期间，村里发生了巨大的变化。2016年，王主任为淑里争取了湿地公园项目建设，动员了淑里组、平坝组、楼脚组、河湾组等组员，利用一年时间完成了街

道通路灯、修建寨门、修建长廊等一系列建设。村民们的发展意识也越发强烈，在村领导的鼓励下，淑里村开始出现了一批养殖户，在调访中发现，养殖业农户年龄在35~48岁，他们曾经在外打工，现今纷纷回家乡创业。养殖户多数以养猪为主，猪种苗大概有800头，总投资100万元左右，收益初见成效。事实证明，淑里村的居民开始有发展意识，而这种意识刚好是发展需要的重要条件。

在民族关系方面，不同的民族相处也非常融洽，俗话说"远亲不如近邻"，淑里村村民之间总是互帮互助，每逢佳节，集体吃饭做活动，男女老少其乐融融。2016年3月，在村主任的组织下，村委会举办了联谊活动，淑里村各组积极参与其中；2016年10月1日，在村委会举行了欢庆活动，淑里村的男女老少都参与其中，活动结束后相互邀约聚餐等。2017年以来，淑里村举办的联谊活动越发频繁；在需要建设家乡的时候，村里德高望重的带头人能组织村民集体出钱、出力修建街道，每家每户需要交纳200元以上的资金，同时，每家每户需要派出两名以上的人来参与修建街道。近年来，凯里下司镇在全镇范围内积极广泛倡导移风易俗进社区、进乡村活动，以大力弘扬优秀民间文化为主题的"文化春节"，抵制封建迷信以及赌博、私彩等违法活动，营造和谐喜庆的节日氛围。下司镇是一个多民族文化镇，民族文化底蕴深厚，民间活动丰富多彩，以春节家家户户回家团圆为契机，结合精神文明建设，践行社会主义核心价值观，积极倡导村民过上文明祥和的新春佳节；在倡导的"文化春节"活动中，涉及9个村18个自然寨，活动内容丰富多彩，有芦笙节、姑妈回娘家、花灯节，有斗牛、斗鸡、斗狗、斗鸟、打篮球、芦笙表演、跳广场舞、唱山歌比赛等活动，活动覆盖面广，备受广大群众的青睐。2018年2月9日，由中共凯里市委宣传部主办，凯里市文体广电新闻出版局，凯里市各镇、街道（社区）承办，凯里市文化馆、凯里市非遗中心、凯里人民广播电台、凯里市体育产业投资发展有限公司执办的2017年人文凯里第二届百村群众文艺汇演暨颁奖晚会在凯里市西出口民族文化馆隆重举行。来自基层的参演人员欢歌起舞，以饱满的热情，完成了一场精彩的演出。可见，淑里村的文化得到了一定发展，政府采取活动的形式不仅弘扬了优秀的民间文化，更是促进了民族间的友好相处，营造出和谐的氛围。总的来说，淑里村的民族发展意识提升、民族关系融洽，这些都是淑里村进一步发展的重要条件。

3. 危房改造，农村焕然一新

2017年，根据黔财农〔2016〕276号《关于下达2017年中央财政扶贫资金（少数民族发展资金）的通知》文件精神，凯里市制定了中央财政扶贫少数民族发展资金项目，进行了公示，其中淑里村有27万元资金投向基础设施建设。[①] 不同的民族房屋表现出来的样式不一样，苗族居住的房屋多为吊脚楼，依山而建，稍微富裕且家庭人口多的村民家房子楼层比较高，下面养家畜，中间层供人居住，最顶层堆放杂物。仫佬族典型的房屋是十几平方米一层楼房屋，房屋旁边则修建另外的小屋养家畜。由于当地逐

---

① 《凯里市2017年中央财政扶贫少数民族发展资金项目安排公示》，http://www.kaili.gov.cn/xwzx/tzgg/201712/t20171223_2920301.html。

渐出现砖瓦厂，取材也比较方便，从外搬迁过来的人们纷纷修建砖房。至今，人们居住的房屋已普遍为砖房，保存下来的特色木房已为数不多。新农村建设让淑里村迎来了新的风貌，政府给予大力扶持，对比较贫困的家庭进行危房改造，房屋统一给予装修，主要以白墙砖红色边框呈现出来，房屋构造以砖为主要材料，楼顶用瓦铺盖，楼顶的四角分别呈牛角形，展现出浓厚的民族风情。

总的来说，政府的扶持使淑里村的发展条件越发成熟。政府在产业发展、基础设施建设等方面的扶持，使得淑里村获得新生，为淑里村的蓬勃发展创造了有利的条件。

（二）淑里村发展困境

1. 村民能力素质较低

乡村想要得到更好的发展，村民的能力素质的提高至关重要。从整体来看，淑里村老龄化比较严重，老人、中年人和小孩占人数比重较大，老人的思想比较保守，对新生事物的发展理解不够透彻，也不具备发展经济产业思想，能力素质未能达到要求。数据显示，18~30 岁的村民，40% 的人接受过高中及以上教育；30~50 岁，20% 左右的人接受过高中及以上教育。从整体情况来看，一方面，淑里村在接受教育的程度上还比较欠缺；另一方面，老龄化严重。总的来说，良好的发展意识依然还不够，村民们具备的能力素质还比较低，这些对淑里村的发展形成巨大挑战。

2. 村民对政府配合度不高

近年来，政府加大了对淑里村的扶持，可是，村民们已经习惯了以往的生活，对政府的扶持还不能够接受。造成这一问题的原因主要在于：第一，相关村干部没有做好宣传工作，按照政策落实之后，对村民反映的问题没有及时处理；第二，村民根深蒂固的情感，对家乡的依赖从而产生抵触心理。这些情况，对当地的发展形成较大挑战。

3. 特色资源不够丰富

要建设发展当地，特色资源要丰富，品牌要突出，才能成为发展当地的资本。淑里村是一个多民族混居的村庄，少数民族文化特色表现得越来越不够明显，各民族间的生活习俗、衣食起居方面的文化逐渐趋同，可打造的当地特色产品也相对匮乏。下司古镇与淑里村之间在发展上存在大的差距，下司古镇近年来发展趋势良好，打造了许多旅游项目，同时，苗族银饰产业占据了整个市场，鼓楼建筑也成为旅游焦点。因此，下司古镇的游客量在逐渐上升。数据显示，2016 年国庆期间，下司古镇旅游景区与周边各景区展开吸引游客的"拉锯战"，推出多项重大举措，打造"升级版"滨江名镇，不断提升景区旅游品质，景区人气"爆棚"，共接待游客 28.13 万人次，比上年同期增长 30.04%，其中，10 月 3 日接待游客高达 5.3 万人次，创下该景区游客接待纪录；旅游综合收入 2187 万元，比上年同期增长 37.45%，呈现"井喷式"增长。相反，淑里村特色资源较少，这也成为淑里村发展的一大挑战。虽然特色资源不够丰富，但应当把这个发展放到实践中来进行。

三 促进淑里村发展的举措

（一）提高村民能力素质，催生"内生动力"

村民的能力素质决定发展，必须具有发展意识，因此，发展的关键还是在村民的身上。政府应当发挥其职能，对淑里村进行大力扶持，让能力素质较低的村民接受相应的教育，在村里可设置相应的培训班，让村民们在理论中获得信心，在实践中获得成功。同时，应引进、培养优秀的人才，带领村民发展致富。

催生其"内生动力"是重要任务。政府不管采取多大的扶持力度，也只能解决当前之需，只能让淑里村人们享受到短时间的利益，不能够作为长久之计。因此，必须催生淑里村的内生动力，而内生动力的关键就在群众。从个别现象来看，村民们的发展意识还不够，因此，应当加大对村民的扶持力度，不仅要增添淑里村的硬件设施，还应当注重软件设施的投入。当然，虽然村民们的陈旧思想根深蒂固，但在政府的大力帮助及村民携手共进的情况下，将会有效地催生淑里村的"内生动力"。

（二）打造特色品牌，注重资源整合

淑里村应当挖掘较有特点的特色资源，打造特色产品，才能得到更好的发展。好山好水的淑里村，适合发展旅游业。在调查中发现，村里有些村民还保留着古老的手工艺器具，比如，仫佬

族手工纺织机。村里还有人会人工弹棉花等，应当找出该手艺的传承人，从而恢复其特色手艺，打造属于淑里村的特色。具有"鱼米之乡""锌硒米之乡"美誉的淑里村，应当利用其资源，可在美食方面着手，打造出当地的特色产品，比如，种植有机大米、加工酸汤鱼等特色产品，从而吸引外来游客，带动淑里村经济的发展。另外，淑里村交通便利，下司古镇、丹寨万达小镇等相互贯穿。因此，应当注重资源的整合，把这一条路线作为旅游线路，同时，应当借鉴下司古镇、丹寨万达小镇的发展模式，吸收好的发展经验，从而促进淑里村的发展。当然，在打造淑里村特色品牌的同时，要因地制宜，才能促进当地的良好发展。

（三）利用新媒体，加大宣传力度

新媒体的时代已经来临，应当利用好新媒体的魅力，加大对淑里村的宣传力度，吸引外来投资。回顾 10 年前，最常见的宣传方式就是报纸、广播、电视、杂志四大传统媒体，现今的新媒体，包括数字杂志、数字报纸、数字电视、网络等。新媒体传播速度非常快，传播的范围也非常广，同时，与传统媒体相比更节约成本。人们对网络的青睐程度较高，应当利用网络平台对淑里村进行宣传；或者在公交车上播放宣传广告片；也可以在出租车上插入广播等。淑里村虽然不是旅游胜地，但是资源丰富，值得推崇，媒体宣传不仅使淑里村地名出现在大众视野中，更能为其发展提供机会吸引外来投资。总的来说，利用新媒体进行宣传，是一个非常值得推广的宣传方式及手段。

（四）发挥政府职能，加大扶持力度，提升干部素养

政府必须发挥其职能，加大对淑里村的扶持力度，更应该提升干部素养。虽然政府的扶持是对淑里村发展最大的帮助，但不仅要考虑到淑里村建设投资问题，还要考虑淑里村村民后期生存问题。另外，因村民不了解政府人员要建设发展淑里村的意图、村民的依赖心理等，难免会出现村民与政府工作人员发生矛盾这一现象，在访谈当地人的过程中，笔者了解到一个非常重要的信息，大部分村民表示：政府总是想发展当地，可是并不考虑他们的生存发展，田与土地被占完，对于靠生产农作物的农民来说，这是一个非常严重的问题。造成这些问题的原因，是政府和村民之间缺乏沟通所引起的。因此，群众工作必须做好，与群众交流沟通，打消村民的抵触情绪，政府应当安排驻村干部与村民们交流，明白群众心里的想法，弄清楚群众真正需要的是什么，才能使政府工作顺利进行。在这个过程中，更应该提升干部的素养，才能做好群众工作。

政府的扶持、丰富的自然资源、良好的社会环境等为下司镇淑里村创造了有利的发展条件。虽然淑里村的发展依旧会面临各种挑战，但只要不断地去面对挑战，坚持走可持续发展道路，淑里村就会蓬勃发展。乡村振兴需要我们不断去探索和挖掘更好的发展道路，乡村振兴任重而道远，民族村的发展需要政府的支持与指导，更需要村民们的齐心协力，只有这样才能让老百姓富起来、强起来。当然，发展不是一朝一夕的事情，而是一个循序渐进的过程，在这个过程中只有战胜重重困难，才能迎来胜利的曙光！

参考文献

王延中、龙远蔚、扎洛、吴兴旺、王剑峰：《加快民族地区小康社会建设的挑战、问题及对策（上）》，《广西民族研究》2015年第4期。

高继文、王增剑：《全面建成小康社会与中国特色社会主义发展新境界》，《学习论坛》2016年第2期。

赵士红、楚向红：《全面从严治党是全面建成小康社会的根本保证》，《学习论坛》2016年第2期。

封毅：《实施乡村振兴战略 深化贵州农村改革》，《理论与当代》2017年第11期。

吴文仙：《打好山地特色牌 做优绿色农产品 产业兴旺》，《当代贵州》2017年第47期。

罗凌：《激发乡村振兴动力活力》，《当代贵州》2017年第47期。

李薛霏、王鲁铨、权若青、马刚、陈曦：《令出即行 为乡村振兴不懈努力》，《贵州日报》2018年2月10日，第4版。

杨刚：《把论文写在大地上》，《当代贵州》2018年第2期。

王法：《乡村振兴开拓融合发展富民新路——访贵州省社科院区域经济研究所所长黄勇》，《当代贵州》2018年第3期。

王法、江婷婷：《贵州乡村振兴任务书》，《当代贵州》2018年第8期。

全域旅游背景下的少数民族
特色村寨旅游开发

——以北川羌族自治县西窝羌寨为例

钟晓焘[*]

摘　要： 全域旅游是一种思维创新、模式创新，它不仅强调"旅游+"，还强调"+旅游"。其中，少数民族特色村寨旅游已经成为全域旅游的重要组成部分。本文以北川羌族自治县西窝羌寨为个案，通过田野调查的方法，从全域旅游的视角来重新审视少数民族村寨的旅游资源、谋划旅游发展模式，以期促进少数民族乡村地区产业结构调整、文化遗产保护、环境空间改善提升，进而促进当地经济发展。笔者试图为丰富旅游产品类型，完善旅游产品业态，改善少数民族特色村寨旅游布局散乱、模式单一、创新度不高、体验度差等问题提供研究个案。

关键词： 全域旅游　少数民族特色村寨　旅游开发　西窝羌寨

---

* 钟晓焘，四川绵阳人，西北民族大学民族学与社会学学院在读硕士研究生。

一 问题的提出

2012 年国家民族事务委员会发布的《少数民族特色村寨保护与发展规划纲要（2011—2015 年）》，从改善少数民族村寨生产生活条件、大力发展特色产业、重点推进民居保护与建设、加强民族文化保护与传承等方面对我国少数民族特色村寨保护和发展进行了谋篇布局。2017 年 10 月 18 日，习近平同志在十九大报告中指出，要全面实施乡村振兴战略。2018 年的中央一号文件提出繁荣兴盛农村文化，焕发乡风文明新气象。该文件着重提到要传承发展提升农村优秀传统文化，划定乡村建设的历史文化保护线，保护好文物古迹、传统村落、民族村寨、传统建筑、农业遗迹、灌溉工程遗产。要支持农村地区优秀戏曲曲艺、少数民族文化、民间文化等的传承发展。[①] 这无疑是给作为中华民族文化重要组成部分的少数民族文化提供了重大发展机遇。少数民族村寨大多处在偏远的乡村，少数民族特色村寨旅游自然也是乡村旅游的主要构成部分。

梳理国内外的相关研究，国外的 Matin、Christopher、Yiping、Michael 等学者以德国和美国等欧美国家的几个乡村旅游目的地为例，指出了乡村旅游在促进当地经济发展、增加民众就业的同时，也在一定程度上改变了乡村民众的传统观念，引发一系列社会问题。国内较早开始关于民族村寨旅游研究的是金若颖，早在

---

① 源于中共中央、国务院关于实施乡村振兴战略的意见，中发〔2018〕1 号。

2002 年她就对民族村寨旅游进行了较为规范和完整的定义。在这之后，罗永常、杨昌儒、赵静、李强等学者分别以贵州、广西、云南等我国西南地区的民族特色村寨为个案，就民族特色村寨旅游发展过程中面临的问题、民族特色村寨旅游开发模式、社区参与、旅游开发对民族特色村寨的影响等进行了相关论述。通过国内外专家学者的研究，我们可以发现目前国内外的乡村旅游都取得了长足的发展，但同时也面临着巨大的问题和挑战。[①] 就我国少数民族特色村寨旅游的发展来看，大致经历了四个阶段：萌芽阶段（1982~1997）、起步阶段（1998~2006）、发展阶段（2007~2012）、转型阶段（2013 年至今）。经过近 40 年的发展，少数民族特色村寨旅游对旅游目的地既有积极的影响，同时也存在着大量消极影响。它一方面促进了乡村经济的发展、改善了村民生活条件、增加了村民的收入；另一方面也使少数民族村寨的民众生活、生产方式发生了改变，带来一定问题。在新时代，我国面临着发展少数民族特色村寨带来的诸多问题和挑战，乡村旅游发展的未来之路该何去何从，值得我们深思。2016 年，北川羌族自治县成功入选全域旅游示范区创建单位，其提出倾全县之力，着力打造川内文旅发展引领示范区和禹羌文化特色旅游聚集区。本文以北川羌族自治县西窝羌寨为个案，从全域旅游发展的角度切入，结合美丽乡村建设和乡村振兴战略，探讨少数民族特色村寨的旅游开发策略和路径，以及少数民族传统文化的保护与传承问题。

---

① 罗永常：《民族村寨旅游发展问题与对策研究》，《贵州民族研究》2003 年第 2 期；赵静、周健：《建设广西民族特色村寨的思考》，《桂海论丛》2013 年第 5 期。

二 西窝羌寨介绍

上五村面积 153.6 平方公里，海拔 2000 多米，是青片乡地理位置最边远的村。村域范围内以山地自然景观为主，拥有北川县最高点海拔 4769 米的插旗山。受海拔和降水影响，该村的自然环境虽然不适宜农耕，但土地资源丰富，具有发展林、牧、药的优势。上五河沿村而过，流至青片乡政府所在地之后便称青片河。村内自然风光优美，羌文化也独具特色，适合发展乡村观光旅游和民族文化体验旅游。该村于 2013 年和 2017 年分别入选第二批"中国传统村落"名单、第二批"中国少数民族特色村寨"名录。

西窝羌寨是青片乡上五村的一个自然村落，距离北川县城 95 公里、绵阳市区 150 公里。它是北川羌族自治县最古老、规模面积最大、常住人口最多、文化保存最完整、自然风光最美，近 300 年来唯一没有被重建的老羌寨。西窝羌寨现有农户 32 户，常住人口约 130 人，绝大多数人都是羌族，只有个别入赘或嫁到该地的汉族。当地民众以原始宗教信仰为主，兼顾神灵崇拜。在发展旅游之前，西窝羌寨的村民以农副产品出售为主，生产经营方式单一，生活水平低下。但是羌寨在日常生活的各个方面都保存着一套完整的羌族传统文化，这在各个节庆时节表现得尤为突出，这也为发展民族特色文化旅游奠定了基础、提供了条件。

三　西窝羌寨旅游发展现状及问题

近些年来，随着乡村旅游的兴起，西窝羌寨吸引了一大批游客前来观光旅游，通过民俗文化展演、土特产售卖、羌家民宿体验等方式，为羌寨带来了一定的经济收入，村民生活水平也有明显提升。随着知名度的不断提升，西窝羌寨不仅受到前来度假休闲游客的喜爱，也吸引了相关民俗文化方面的专家学者前来做学术考察，这一切都得益于寨子民族文化的完整保存。但是，受寨内基础设施以及周围交通条件的限制，当地旅游接待能力有限，民族文化展演形式和旅游发展模式单一。前来旅游的游客以散客和老年避暑休闲游为主，很少有团队游客，很难形成规模效应。如今，西窝羌寨的民族文化旅游还有待进一步优化升级。

（一）文化旅游资源

羌寨的民居建筑、服饰、歌舞、节庆、饮食文化等都独具特色，这些也是当地进行民族文化旅游开发的重要资源。

1. 民居建筑

西窝羌寨位于崇山峻岭之中，地理位置较为偏僻。明清时期的寨子位于高半山，其住房就地取材，以片石和石板混合泥浆砌成，谓之羌碉，兼有居住和防御功能，现今在半山还能看到一些碉楼的残垣。近代以来，随着社会环境的变化，半山已不能适应羌族民众生产生活的需要，西窝羌寨搬迁到现在的上五村，形成了以川西风格为主的穿斗梁房屋或小青瓦吊脚楼。现在西窝羌寨的吊脚楼一般依山而建，共分三层，底层低于地面6尺左右，以石板或石片垒基，用来圈养牲畜；二层与地面齐平，作为堂屋和居室；三层通风性好，用来堆放粮食和杂物。随着旅游的开发，民众对环境卫生的要求越来越高，底层已经不适合用来圈养牲畜，被改为厕所和杂物间，三层也为了满足接待游客的需要改建成客房。此外，在每户村民家中都有一个火塘，平时作为待客和谈话的地方，也是家屋的象征。

2. 服饰

对于发展民族文化旅游的地区来说，服饰文化是民族文化的重要组成部分，可以给游客最直观的视觉感受，也最能展现民族与地域特色，成为代表一个民族的文化符号。羌族的服饰在各地风格不一，存在一定的差异。但大体上来看，羌族的服饰主要由长衫、包帕、腰带、绑腿、云云鞋等构成。男子一般在头上盘青、白色的圆盘布帽，同时插上野鸡羽毛，身穿青、白色的麻布长衫或羊毛衫，外套羊皮褂、羊毛褂或布褂，腰系三角形裹肚，裹毛麻绑腿，穿绣花布鞋或皮靴、布鞋或草凉鞋等。妇女服装丰富多样，流行包裹头帕或顶头帕、戴耳环、挂项饰或胸饰，着绣花长衫、外套短布褂或羊皮褂，系绣花围腰和飘带，穿绣花布鞋。在20世纪上半叶，羌族服饰通常给人以形式朴素、色调单一的印象。在旅游开发以前，羌族服装因为手工制作工序复杂，耗费的时间长，穿起来从事劳动生产也不方便，没能得到大规模的制作，致使传统的手工制作技术濒临消失。旅游开发后，为满足游客的需求，羌族人又重新开始制作羌服，并开始使用机器生产。同时，现代的羌族服饰加入了一些流行的时尚元素，如在围腰、鞋上绣一些花纹和几何图案，色彩也更加艳丽，更加符合现代审美。

3. 歌舞

羌族是一个能歌善舞的民族，男女老少几乎都会跳"莎朗"。传说有一位叫"莎朗"的仙女每年农历二月初一和三月初四都会到村里教羌族民众跳舞，直到村寨里的每位妇女都会跳，并将这种歌舞称作"莎朗"或"跳锅庄"，后来成为羌族歌舞的总称。从"莎朗"的动作特征来看，属于女性舞蹈，突出的是女性的肩部与胯部动作，"甩肩"是日常劳作中的基本体态，而"转胯"则体现了羌族姑娘优美的身姿。曾经有一段时期，"莎朗"濒临失传，政府为了弘扬和传承羌族文化，将传统羌族歌舞加入现代流行元素进行重新编排，并做成光碟免费发放给民众，让他们模仿学习，在民众中受到广泛的喜爱，形成了具有羌族特色的民族文化，成为民族的一种文化象征。

4. 节庆

目前，在北川地区除了有过农历春节、中秋节等习俗外，极具本土特色的就是羌历年和大禹文化节。羌历年是每年的农历十月初一，据当地群众介绍，羌历年实际上是以前为了答谢神恩、庆祝秋收而举行的"牛王会"。随着时间的推移，"牛王会"的节日意义逐渐淡化，或者根本就不存在了。而农历春节又被认为是汉族人的习俗，于是羌族精英人士为了与汉族的"大年"区分，便在羌族文化中建构了"羌历年"的概念。西窝羌寨的村民们也过"羌历年"。

5. 饮食

旧时村民以本地所产的玉米、荞麦、青稞、小麦、马铃薯等为主食。近些年来，村民制作的酸辣荞面、苦荞凉粉、搅团、洋芋糍粑以及各类杂粮制作的馍馍风味独特，村民腌制的山腊肉也堪称一绝。另外，寨子里的村民还喜欢喝咂酒，其制作方法与醪糟相似，将大麦、青稞或玉米等煮熟后加入酒曲，之后放入酒坛发酵，饮用时加入开水，插入麦秆或细竹管，轮流吮吸，吸干后再添水，直到淡而无味为止。每逢节庆活动，村民就用咂酒助兴。[①]

（二）旅游发展现状

西窝羌寨因地处偏远，地势高峻，长期与外界缺乏联系，因此留存了原汁原味的羌族民俗风情以及村落建筑，可以将一片纯净的民族文化呈现在世人眼中。村落中如今仍然保持着清一色的川西风格吊脚楼，无一砖瓦建筑。近些年来，川内的西南民族大学、四川大学、四川师范大学等高校中有关民族研究的专家学者，海外相关研究人员相继到此实地考察羌族文化，使得西窝羌寨的文化旅游得到一定程度的开发。但是，多年来北川羌族自治县文广新旅局、民俗博物馆等相关单位坚持在西窝羌寨的开发与保护工作中走原生态之路，并没有像某些民族地区将民族文化商业化、旅游化。政府部门的这些做法让当地村民很难理解，认为这不利于民众增收、改善生活。而一些周边县市或村寨正在极力为本地

---

① 《北川羌族自治县概况》编写组编《北川羌族自治县概况》，民族出版社，2009。

村寨争取冠名"中国西羌第一寨"等，这给西窝羌寨的旅游造成了严重冲击。受地缘、环境、交通、政策等诸多因素的影响，村民的思想有很大波动。经过了短暂的少数民族村寨文化旅游建设高潮，西窝羌寨的文化旅游一直处于停滞状态。村内仅有的几家羌家乐还印证着这里曾经的旅游开发，其余地方都显得颇为萧条。

西窝羌寨处在高半山地区，不能种植粮食作物，在国家禁猎政策和退耕还林政策还没实施之前，村民可以通过打猎和伐木增加收入，但是现在国家政策实施以后村民的收入来源主要是养牲畜、养蜜蜂。这些收入只够全家的日常生活需要，子女上学、置办家具等就无所适从，因而寨子里的大部分年轻人都选择外出打工，以增加收入，留在寨子里的只剩下老人和妇女儿童。大量的青壮年外出，会出现作为文化载体的文化资源流失，因为在少数民族村寨旅游中，村民既是文化的持有者，也是一种展演文化的资源。笔者在寨子里观察发现，各个羌家乐的主人都是妇女，包括笔者留宿的毛大娘家。由于正值暑假，她的女儿也在家里招呼客人。西窝羌寨的少数民族村寨旅游经过一段时期的发展，带动了寨内的经济发展，村民的生活水平也得到一定的提高。但是，受寨内基础设施以及周围交通条件的限制，旅游接待能力有限，民族文化展演形式及旅游发展模式单一。前来旅游的游客以散客和老年避暑休闲游为主，很少有团队游客，很难形成规模效应。少数民族特色村寨也有过一段停滞期，2017 年才开始逐步恢复。从寨子目前的发展现状来看，不论是出于经济创收的目的，还是基于保护民族传统文化的目的，都亟须突破少数民族特色村寨发展的瓶颈，转变少数民族村寨旅游的发展模式。

（三）旅游发展面临的问题

全域旅游，强调的是全域联动，全行业参与，实现"旅游+"和"+旅游"。目前，西窝羌寨的少数民族特色村寨旅游在发展过程中未能将吃、住、行、游、购、娱等旅游业发展的六大要素全覆盖，更不用说商、养、学、闲、情、奇新的六大要素。要使游客完全融入少数民族村寨旅游，还需要多方联动，打破各自为政、单打独斗、坐门等客的局面。目前，西窝羌寨旅游发展主要面临以下几方面的问题。

1. 开发形式单一，体验度差

西窝羌寨还停留在层次较低的观光旅游上，整个村寨作为民族文化生态博物馆的优势和特色几乎没能体现出来。就旅游的内容来看，仅局限于看表演、参观、照相，这与普通的乡村农家乐和古村落旅游没什么区别。在旅游形式上缺少与游客的互动，缺乏文化体验性强的旅游项目策划，对民族特色文化的挖掘和开发不够，留不住游客。游客徐大爷说：到这个寨子来旅游和普通的寨子没啥区别，想看看羌族的原生态文化也看不到，这些年轻人的穿着打扮和城里人没啥两样，晚上的歌舞表演还可以，能看到一些羌文化。但是，我觉得作为一个纯粹的羌族村寨，要想给游客留下深刻印象就得从日常生活做起，比如穿衣打扮等（访谈资料：20170723）。在西窝羌寨的旅游路线中，以迎客酒和观看歌舞表演、民宿为主。迎客酒是在村寨外面，一下车就有村民用羌族的待客礼仪列队欢迎，给人以较强的视觉冲击。只要有数十名游客前来，羌家人就会在村外举行迎客仪式，游客被迎进寨门后，就被带进羌家安排住宿，等待晚上的歌舞表演。白天的空余时间，游客只能看看周围的风景，没有什么体验项目。建筑作为一个民族最外在的表征之一，最能给人留下视觉感受，也是少数民族特色村寨的标志性文化符号，是重要的旅游资源。在西窝羌寨，游客对于民居建筑只是走马观花式地看看，不能深入了解其文化和功能。寨子里除了吊脚楼，还有古树、古井、古碉遗址等都没得到很好的开发、利用。

2. 政策性支持动力不足

西窝羌寨现在的旅游开发模式主要是以村民为主导，没有政府和外来企业的参与，显得开发后劲不足。村里的旅游开发、旅游接待、旅游经营、旅游安排全都是村民自己做主，缺乏专业的指导。村民的旅游收入主要来源是民宿，价格一般是每天每人150元人民币，包括三餐。此外就是一些农家蜂蜜、土鸡蛋、野蘑菇的销售，没有其他的旅游相关收入，晚上的歌舞表演也是免费的，不收取任何费用。这些收入要用于村寨基础设施的日常维护，演出人员、保洁人员的工资，也是一笔不小的开支。如果没有上级政府的政策性支持，很难维持基本的经营。目前，四川省境内已经有上百处少数民族特色村寨，比如西窝羌寨附近的五龙寨、神树林寨、石椅羌寨、吉娜羌寨等，这些村寨因为区位或者交通的优势已经吸引了大批游客。"酒香不怕巷子深"的时代已经过去，再好的资源，没有好的宣传，也不会为外人所知。因此，不具备区位和交通便利优势的西窝羌寨，必须做好旅游宣传和旅游形象的塑造。但是，受本身收入不足的限制，庞大的广告费支出是西窝羌寨自身难以承受的，这就造成了寨子无法主动掌握游客资源。老支书何大爷说："目前来的游客都是熟人介绍的，来之前会提前给农户打电话，说好来的时间和人数，我们这边就会做好相应的准备，基本不会主动找客人或者是和旅行社联系，也没有做专门的宣传，平时没有游客的时候都忙自己家的活。"（访谈资料：20170723）

3. 旅游开发带来文化变迁

西窝羌寨作为一个乡土社会，作为一个独立的社区单位，有着独立的社会圈子，村民的流动性小，与外界的交流联系也较少，村寨生活基本就是村民生活的全部。正是因为旅游的介入，架起了村寨与外面世界沟通联系的桥梁，给寨民们提供了一个向外界展示自己的机会，同时也接纳了很多外界的"现代文明"。这些所谓的"现代文明"一方面开拓了寨民的视野，增长了他们的见识；另一方面外界新鲜事物的进入也让寨民们面临着相应的文化选择。特别是对于外出上学和外出打工的年轻人来说，他们的行为方式受外界影响较大，文化变迁也较多。从日常穿着来看，以前寨子里的小孩、大人、老人都穿着民族服饰，旅游开发以后，中青年的衣着服饰与城市里的没有什么差别，都是文化衫牛仔裤之类的，只有老人们还保持着原有的装束。另外，在盛大节日和旅游接待的时候会有妇女和小孩穿民族服装。从前，人们在结束一天疲倦的劳作之后会有自己的娱乐方式，如跳莎朗、吹口弦等，这些娱乐活动是他们生活的一部分。在亲朋好友聚会的时候，还会一起唱祝酒歌，场面十分热闹。闲暇时寨民们还会相互串门，聊聊家常，小孩们也在一起做游戏，娱乐活动十分丰富。而现在，年轻人的休闲活动变成了打麻将，孩子们上网玩游戏，传统的休闲方式几乎不见了。张大爷说："现在的人都变了，以前小孩儿放学回家就会邀约小伙伴一起打沙包、荡秋千，一起做游戏，现在回来，书包一放就是抱着手机看。还有年轻人也是，不绣花了，一有空就约在一起打麻将，老人们也就一起摆摆龙门阵，没有像以前在一起绣绣花、跳跳舞了。时代变了，不像我们年轻的那个时候了。"（访谈资料：20170724）

四　西窝羌寨旅游升级发展的策略

针对目前西窝羌寨少数民族特色村寨旅游发展面临的开发形式单一、游客体验差、政策性支持动力不足、文化变迁等一系列问题，结合全域旅游示范区创建和乡村振兴计划全面实施的时代背景，可以采取以下措施来实现民族特色村寨旅游的升级发展。

1. 拓宽旅游项目，增强体验度

目前，西窝羌寨还停留在层次较低的观光旅游上，整个村寨作为民族文化生态博物馆的优势和特色未能体现出来。就旅游的内容来看，仅局限于看表演、参观、照相，这与普通的乡村农家乐和古村落旅游没什么区别，游客的体验度也较差。其实寨子里寨民的服饰、语言、饮食、生产生活方式、思想观念等都是有待开发的旅游文化资源。在游客等待傍晚歌舞表演的白天大部分时间里，当地可以通过开发羌族传统体育项目、羌民生产劳作体验、高半山古迹巡游等体验活动，以增强游客的兴趣。因为从游客需求来看，主要是求新求异求奇，重复的开发和缺乏创新的旅游项目很难吸引游客的眼球。在西窝羌寨，如果将生态农业作为旅游活动的内容并加入羌族传统的耕作方式，劳作间歇辅以羌族文化活动，将会吸引更多游客前来体验旅游，进而推动村寨旅游更好更快发展。

2. 加大政策性支持，提升发展动力

旅游作为一项经济活动，不同于传统的农业耕作，它不仅是村寨内部的事务，更需要与外界进行大量的资本和人力沟通。在全域旅游示范区创建的背景下，发展少数民族特色村寨旅游的主体是文化持有者的寨民们。但是仅仅依靠寨民的个体力量，既不能形成规模效应，同时可能因为缺乏科学有效的指导而陷入发展困境。全域旅游提出全域联动、整合发展的理念，政府应对村寨的环境整治、基础设施建设、市场宣传等方面提供强有力的支持。西窝羌寨在近20年的旅游发展过程中，得到了政府在基础设施建设方面的投资，在全域旅游发展和乡村振兴战略的宏观政策下，政府还应当加大扶持力度，在对外形象宣传、品牌打造、社区精英培育方面给予政策保障，以期实现少数民族特色村寨的蓬勃发展和乡村全面振兴。

3. 培育文化精英，增加人力资本

社区文化精英分子一般是指熟知本民族文化内涵，并且能够利用自身拥有的文化，直接或间接影响本社区文化发展方向，能够对本地区文化产生重大影响的人。在少数民族村寨中，民族文化精英分子往往比普通民众具备更多的资金和人力资本，在旅游开发中也是最早涉入和最先享受成果的。但是，随着经济社会的发展，大量社会资本涌入民族社区，使得民族文化精英分子不再具备优势，继而选择别的城市，形成"文化孤岛"以便继续实现自身价值。这对原来的社区而言，不仅造成了大量本地资金的流失，更为重要的是造成人力资本的流失。因为，在少数民族特色村寨旅游开发中，民族文化精英既是重要人力，同时其本身也是一种重要的文化资源。文化精英的大量流失使得原有的特色民族村寨不再具备特色，与一般性的乡村无异。针对目前西窝羌寨民族文化精英脱离的现状，一方面需要政府部门在政策和资金方面予以支持，加强民族文化精英的培育；另一方面，作为民族村寨的民众也要增强"文化自觉"意识，在与"他者"的文化互动中，保持民族文化特色，增强民族认同感和自豪感。

4. 传承特色文化，实现可持续发展

近些年来，少数民族特色村寨发展迅猛，一些村寨因为过度开发，造成旅游目的地文化生态遭受严重破坏。一味追求经济效益的旅游企业的进入，忽视了少数民族群众的意愿，出现了大量伪民俗现象。加之个别地区的政府对旅游目的地的粗放式管理，疏于对传统文化的保护，致使少数民族特色村寨旅游的品位降低，地方特色逐渐丧失，对游客的吸引力下降，难以实现可持续发展。就目前西窝羌寨的现状来看，虽然现代文明产生了一定的冲击，出现一定的文化变迁现象，但是其传统的文化因子还保留着。我

们还可以对这些文化因子和文化资源进行整合、重组，构建出既不失传统又能适应现代社会发展需求的文化。这样既能满足各利益群体的经济收入需求，又能实现文化的可持续发展。

五　结语

我国的少数民族大多集中在我国西部、北部地区，少数民族地区也是集中连片特困地区，经济基础十分薄弱。随着现代文明的不断推进，少数民族地区的经济社会也得到了长足发展，但是与沿海地区相比还存在着巨大差距。近些年来，大多数少数民族地区都将发展旅游作为脱贫致富的重要抓手，其经济状况得到明显改善。特别是《少数民族特色村寨保护与发展规划纲要》实施以来，广大少数民族地区脱贫致富的步伐得以加快，经济发展、文化传承、生态保护间的矛盾得到明显缓和，村寨民众生活质量逐渐提升。但在取得成绩的同时，也应该正视所面临的一系列问题。

北川羌族自治县西窝羌寨，在发展少数民族特色村寨旅游的过程中，村寨的人居环境得到改善，寨民生活水平得到提高，羌族文化得到一定传承。但是西窝羌寨发展少数民族特色村寨的工作还任重道远，其面临着村寨特色发展不够全面、开发形式单一、民族文化涵化变迁、社区文化精英脱离等困境。自 2016 年国家实施全域旅游示范区创建工作以来，北川羌族自治县就提出倾全县之力，充分利用民族特色文化资源优势发展县域旅游。少数民族特色村寨旅游是全域旅游的重要组成部分，西窝羌寨要充分利用这次创建工作的各项资源和政策扶持，实现与全域旅游的无缝对接，加快村寨旅游发展模式转型升级的步伐。西窝羌寨在发展少数民族特色村寨旅游的同时，还应注意将特色文化保护作为核心要义贯穿始终，推进人与自然、文化生态的可持续发展。像西窝羌寨这样的少数民族特色村寨，在全国范围内还有很多，在全域旅游示范区创建和乡村振兴战略全面实施的背景下，少数民族特色村寨旅游开发应该选择怎样的路径，达到什么样的水平，还需根据实际情况合理统筹规划。

参考文献

彭兆荣：《旅游人类学视野下的"乡村旅游"》，《广西民族学院学报》（哲学社会科学版）2005 年第 4 期。

杨昌儒、潘梦澜：《贵州民族文化村寨旅游发展问题与对策研究》，《贵州民族学院学报》（哲学社会科学版）2004 年第 5 期。

罗永常：《民族村寨旅游景区转型升级的几点思考——以贵州雷山西江苗寨为例》，《原生态民族文化学刊》2016 年第 2 期。

吴静文：《民族旅游背景下少数民族特色村寨建设研究——以黔东南郎德上寨为例》，硕士学位论文，中南民族大学，2013。

唐胡浩、高纯：《文化建构下"半特色少数民族村寨"旅游开发路径选择——以永顺县咱河村为例》，《广西师范学院学报》（哲学社会科学版）2016 年第 3 期。

段超：《保护和发展少数民族特色村寨的思考》，《中南民族大学学报》（人文社会科学版）2011 年第 5 期。

乡村振兴战略视角下乡村
旅游建设与发展

——以鄯善县鲁克沁镇三个桥村为例

哈斯亚提·亚森[*]

摘　要：乡村振兴是习近平总书记在 2017 年 10 月 18 日十九大报告中提出的重要战略，依照促进生产、建设适合居住的生态环境、改善乡村生态环境、有效管理、小康生活等总体要求，在乡镇建设中融合发展策略和政治策略，大力促进乡镇经济的发展。伴随着社会主义市场经济的进一步发展，广大人民群众的物质生活水平得到了质的提高，旅游消费能力也随之提高，这为我国乡村旅游事业的发展带来了机遇。因此，做好美丽乡村建设中乡村旅游景观设计工作，对促进我国乡村旅游事业及相关产业的发展，对促进乡村经济的提升具有十分重要的意义。本文主要介绍新疆鄯善县鲁克沁镇三个桥古村在建设美丽乡村工作中的乡村旅游业发展规划及

---

* 哈斯亚提·亚森，就职于西北民族大学维吾尔语言文化学院。

其主要特点。

关键词： 乡村振兴战略　乡村旅游业　三个桥古村

乡村振兴战略是党的十九大报告中提出的重要战略和发展规划，是全面建成小康社会、建设社会主义经济强国的重要历史任务。在十九大报告中，习近平总书记专门强调乡村振兴战略的相关问题，始终强调农业、农村和农民问题是关系着国计民生的根本性问题，解决"三农"问题是我党工作的重中之重。首先要坚持发展农业和农村，提出乡村振兴的战略。乡村振兴战略不仅给乡村农业的发展带来了新的机遇和挑战，也与乡村旅游业的发展存在着密切的关系。大力支持乡村旅游业的发展有助于村民脱贫致富，在全面建成小康社会、促进建设美好家园等方面都具有重要意义。

鲁克沁镇位于吐鲁番盆地中部，其东连鄯善县，北接连木沁镇，西北衔吐峪沟乡，南接迪坎乡，是我国保留了古代文化传统的乡村之一。鲁克沁镇是吐鲁番木卡姆的发源地，也是古代鲁克沁王府的居住地，清朝时为吐鲁番地区的政治、文化、经济中心。鲁克沁镇下辖 9 个行政村，其中，三个桥古村是最早提出建设美丽乡村、实施乡村振兴战略的乡村之一。

三个桥村离鲁克沁镇较近，位于鄯善—鲁克沁公路靠近鲁克沁镇一端，2017 年总计有 599 户、2645 人。居住有汉、维吾尔、土家、回、彝族等 5 个民族，村中的各个民族在生活生产上和睦相处。在各级领导班子的正确指导下，三个桥村正在着力成为具有当代中国特色社会主义的环境美好、生产发展、教育文化事业迅速发展的模范乡村。2016 年以来，三个桥村村委会开展美丽乡村建设，在保持乡村原貌的基础上，推动村里的各位手工艺人，建设符合村民审美情趣、可以展现地域特色的乡村房屋建筑。在政府的支持下，三个桥村形成了以农业为主、旅游业为辅的生产方式，建成了长约1.5公里的乡村文化旅游街。

与此同时，三个桥村在建设旅游村中也存在一些问题。以下主要阐述三个桥村在旅游村建设中的优势、存在的问题以及进行的一系列规划和治理对策。

一　三个桥村建设旅游村的优势

（一）地理位置优势

吐鲁番市是一个位于盆地的、地理面积较小的城市。吐鲁番市域范围内的旅游资源丰富，有一个5A级旅游景区、一个4A级旅游景区、六个3A级旅游景区。三个桥村位于鄯善县两个历史旅游景区和一个自然风景旅游区之间，其中，4A级沙园景区距离村东40公里，3A级吐峪沟景区距离村西北20公里，鲁克沁王府遗址距离村西不到2公里。由312国道将这三个旅游景区连接起来，位于公路沿线的三个桥村在通过展示农家乐、当地风土人情等吸引游客方面具有一定的地理优势。

（二）环境优势

总体来看，鲁克沁镇的乡村房屋建筑具有浓郁的吐鲁番地方特色，绿化美化主要以桑树和葡萄棚为主。三个桥村在保留村房屋建筑原貌的基础上，着力改善乡村的面貌。村里共有 150 户人家的房屋建筑比较整齐，从视觉上来看，更容易吸引外来的游客，也有展现地域特色和新乡村风格的魅力。

从气候方面来看，吐鲁番属于夏季炎热、冬季干冷、降水较少、四季分明的地区。吐鲁番市的绿化面积只占总面积的 0.23%。只有桑树能耐得住吐鲁番夏季的炎热，因此，桑树在吐鲁番市的种植面积比较大。三个桥村有生长了近 300 年的桑树，它们被成排种植在清水潺潺的小溪两边，形成神秘古老的自然林带。这种自然风光让来自各地的游客在炎热的夏天也能感受到三个桥村的历史风情，拥有可以欣赏文化遗产的舒适环境。

（三）文化资源优势

鲁克沁的文学艺术、手工艺有着悠久的历史。鲁克沁是吐鲁番木卡姆的发源地，鲁克沁十二木卡姆在吐鲁番木卡姆中占据重要的地位，也是具有特色的、词曲和舞蹈彼此搭配的木卡姆。在三个桥村土生土长的木卡姆继承者有阿布杜里·木克伊提、阿里木·阿布杜里等人，他们在新疆维吾尔自治区和国内各种舞台上展现自己的艺术才华，取得了不少成绩，获得了广大观众的广泛赞誉。除此之外，三个桥村村民还用桑叶养蚕，用桑树皮造纸，纺织爱特莱斯，这些技艺是颇具我国特色的文化遗产。村里目前设立了民间手工艺培训基地。

三个桥村的这些文化资源，都可以让来自各地的游客有亲耳听到地域木卡姆、亲手制作手工艺品、购买手工制品作为纪念品的机会。

二 三个桥村在建设旅游乡村中存在的问题

(一) 旅游设施不全

旅游业的发展不仅需要有丰富的自然景观，还要具备相应的场所和旅游设施。三个桥村从 2016 年正式开始建设美好乡村工作，之前是以农业为主，以小工商业为辅。目前，该村旅游活动的主要内容包括带领游客参观房屋建筑、欣赏文艺演出，带领游客品尝手工美食，但是没有为游客提供餐厅和旅馆。该村现有的五家农家乐只有两家在营业，只有一个农村夜市，还不具备给外来的游客提供民族特色美食的条件。

(二) 农民的旅游从业意识还不成熟

作为旅游业从业者，不仅应该充分发掘当地自有的旅游资源，还要具备能够与游客交流想法、按照游客的需求来发展当地旅游产业的能力。三个桥村有 85% 的家庭从事农业，有不到 5% 的家庭从事小规模的经商，白领不到 10%。全村共有居民 2645 人，其中，具有小学文化程度的人较多，大学毕业或在上高等学校的人很少。村里大多数家庭的经济收入不高，加之文化水平较低，村民中缺乏可以推动乡村旅游业及其发展的人才，因此出现了乡村旅游业无法与时俱进的状态。

(三) 宣传推广不足

宣传推广既是旅游业发展的重要举措，也是旅游景区和游客相互链接的重要环节。如果做好宣传工作，旅游业的发展前景会有显著的变化。自从建成旅游村以来，三个桥村除了做一些爱护旅游文物的宣传以外，几乎没做过旅游推广宣传工作。除了相关部门对三个桥村文物景点的拍摄，以及小型 MV、私人微信朋友圈等之外，该村没有进行专门的宣传。

（四）游客数量不多

游客在进行旅游路线规划时，首先会考虑旅游景点的旅游资源是否丰富、旅游条件是否优良、景点旅游服务是否周全等问题。三个桥村在 2018 年接待的游客数量只有 2500 人，仅是 2017 年 15000 人的 1/6。旅游景点宣传推广工作的不足、设施不全是游客数量下降的内在原因，旅游景点建筑重复是游客数量下降的外在因素。

三　建设三个桥旅游村的相关策略

（一）努力完善旅游设施

三个桥村提出一系列相应的治理措施，策划建设可以满足游客饮食需求和住宿要求的舒适干净的饭店和宾馆，进而推广三个桥村自有的自然资源，最后建成中国特色社会主义新农村。

（二）安排农民团体旅游

三个桥村在近年来组织了以"理解故乡、不忘初心、热爱祖国"为主题的区域旅游活动,通过开展这项活动,农民对旅游业的认识越来越深入,进而对如何抓好发展旅游业的机遇、如何满足游客的需求等方面有了更进一步的认识。村委会计划在未来几年内,争取更多地安排当地村民参加新疆范围内的旅游活动,进而让村民们获取更多的与从事旅游业相关的实用知识。

(三)加强旅游宣传

目前,随着我国通信网络技术水平不断提高,三个桥村计划通过通信网络,建立宣传网页,与有兴趣的旅游企业和旅行社建立合作关系,通过网络平台的方式为游客提供更好的旅游信息服务。

总之,落实乡村振兴战略目标,发展乡村旅游文化,归结起来就是要坚定不移地推进农村改革和发展,从振兴乡村旅游文化入手,形成优势产业。在发展具有乡村特色的旅游文化和旅游优势产业带动乡村旅游文化的基础上,带动乡村经济的发展。发展乡村旅游的意义基本包括四个方面:贯彻落实党和国家战略决策的重要任务、参与乡村振兴战略的积极实践、以城带乡的重要途径、推动旅游业发展已成为国民经济重要产业的主要力量。拥有5个民族,599户家庭,2645人的三个桥村,在党和各级政府的正确领导下,加强民族团结,与时俱进,正在努力建设和谐、美好、现代化的文明古村。三个桥村在保护传统文化的同时,还不断地提升村内的整体面貌,充分利用当地物质文化和非物质文化的优势,加快当地文化旅游产业的发展,拓展农民群众经济收入的来源渠道。

参考文献

张丽文：《推动旅游发展 助力乡村振兴》，《中国旅游报》2018 年 9 月 27 日，第 A26 版。

唐明登：《乡村振兴，文化、旅游融合发展不可或缺》，《中国文化报》2018 年 9 月 18 日，第 2 版。

宋慰祖：《美丽乡村规划设计初探》，《群言》2018 年第 9 期。

刘朝文、何文俊、向玉成：《乡村旅游视域下的乡村振兴》，《重庆社会科学》2018 年第 9 期。

王佳琪：《乡村振兴战略下旅游文化振兴乡村的路径探索》，《旅游纵览》（下半月）2018 年第 12 期。

乡村振兴战略下清水江流域民族村寨生计变迁展望[*]

——以侗寨洞脚为个案

申雯清　李俊杰[**]

摘　要：在市场经济的冲击下，清水江流域民族村寨的传统生计方式与文化正发生着变迁。本文以侗寨洞脚为例进行研究，认为：民族村寨正由以传统农耕、山地畜牧、山地林业与贸易、手工副业、其他生计所组成的传统生计方式，向着绿色生计、外出务工、乡村旅游等当代生计方式变迁。十九大报告提出的实施乡村振兴战略为民族村寨的生计变迁指明了方向，可从构建现代农业产业体系、培育多方协同参与的乡村旅游业、支持和鼓励农民就业创业、拓宽农民的增收渠道、加强农村基层基础工作几方面进行努力。

---

[*]　基金项目：2017 年中南民族大学博士创新基金项目"贵州清水江流域民族村寨传统生计变迁研究"（2017bscxjj01）的阶段性成果。

[**]　申雯清，湖南邵阳人，中南民族大学经济学院中国少数民族经济专业博士。李俊杰，湖北房县人，中南民族大学副校长，博士生导师。

关键词：民族村寨　乡村振兴　生计变迁　生计文化

生计，即生存之道，各民族都有自己的生计方式及与之相适应的生计文化。

清水江，由贵州省都匀市的斗篷山起源，流经黔南州、黔东南州等地，从天柱流入湖南省境内后称为沅江，后注入洞庭湖，干流全长514公里，流域面积1.72万平方公里，总人口430余万，其中有75%的人口是苗、侗等少数民族，这里是我国苗族和侗族的聚居区。[①] 清水江流域地跨湘黔两省，历史文化底蕴深厚，在市场经济浪潮的冲击下，这里民族村寨的传统生计方式与文化正发生着变迁。侗寨洞脚是位于贵州清水江流域的一个传统北部方言侗族村寨，这里既有世代传承的侗族文化，又深受汉儒文化和苗族等其他文化影响，是多元文化的交融之地。本文以侗寨洞脚为研究个案，在较为系统的田野调查基础上分析该流域民族村寨传统生计的变迁历程，探讨在乡村振兴战略下民族村寨未来生计发展的前景。

一　田野点概况：侗寨洞脚

（一）自然环境：深山布田畴

侗寨洞脚位于贵州省黔东南苗族侗族自治州剑河县磻溪镇西北部，距离县城106公里，从行政区划来看，现洞脚社区下辖原洞

---

① 《沅江水系》，贵州省档案方志信息网，http://www.gzdaxx.gov.cn/404.html。

脚村和岑广村，社区总面积为 12.7 平方公里。全社区共有 255 户
1168 人，其中侗族人口占总人口的 99.9%，是一个具有 600 年历
史的传统侗寨。在土地总面积为 9402.15 亩的洞脚村寨里耕地面积
仅有 446.51 亩，而林地面积却有 8955.64 亩。洞脚村寨的平均海
拔为 867.56 米，属亚热带湿润季风气候，年均降水量约为 1500 毫
米。[①] 侗寨洞脚因有保持较好的自然生态环境、古色古香的传统木
质建筑而成为"中国传统村落"之一，并被贵州省侗学会评为
"魅力侗寨"。

侗寨洞脚地处两山相夹的空地之中，这里原为一片沼泽地，
经勤劳的洞脚先人开垦出来成为良田。山间孕育的溪流绕山脚两
侧穿过，溪水与田间的水渠相连，是用于农田灌溉及防洪的水利
工程，山间的沼泽地是农田水稻的主产地，这里的水稻品种主要
为籼米，也种植少量糯米备以节庆所用。由于土地资源有限，菜
地主要分布于两侧的山林间，但凡山中略平整些的土地都被当地
人开垦出来使用了。村寨的民居主要于两山的山脚处分散排列，
房屋最为集中的区域是村寨中心围绕鼓楼的位置。村寨里的房屋
都尽量选择在山脚两边的土地上修建成吊脚楼的形式，这样一来，
既可以不占用田土资源、最大化地利用土地空间，又可以合理使
用山间的林木，就地取材。由于沼泽地过于潮湿，木质的吊脚楼
还有着砖房无法比拟的通风防潮性能。

（二）洞脚的文化资源：古朴深邃重传承

根据侗族语言的差异，人们以贵州省锦屏县的启蒙一带为界，

---

① 洞脚村委会：《洞脚简介》，剑河县洞脚村。

以北的称为北部方言区，以南的则称为南部方言区。贵州地区的侗族北部方言区主要分布于清水江流域一带，其传统文化呈现出侗族与汉族、苗族等多元文化交织的特点，家族意识与国家认同感极强①，而侗寨洞脚正是处于该文化核心圈内。

洞脚村，顾名思义，就是在绝壁陡洞下的一个村庄。据说，很早以前洞脚村这块土地还是一片古木参天、动物繁多的原始山林，清代顺治年以前，因社会动荡，洞脚先民们散居于岩王洞上的杨家塘、梁家坪、卜家岭等多处高山丛林之中。当时这里出门无路，举目唯山，唯有岩王洞可以通往山外，岩王洞的陡峭石壁则是人们抵御外敌的重要隘口。后因家畜、家禽常常不约而同地往洞下这块比较开阔的沼泽地带觅食栖息，不愿返回，加之洞下山峦叠翠、空气清新、溪水潺潺、环境宜人，山上的居民认为家禽家畜的选择是天意，纷纷向洞脚下搬迁，开荒造田，起房造屋，生息繁衍，定居于此，形成了一个自然村寨，洞脚村便由此而得名。几百年来，洞脚的先民们聚居在这里勤奋劳作，沿袭并形成了丰富的侗族民间文化，如祭祖、桃园洞、侗歌对唱等民间传统文化。由于当时社会动荡，加之猛兽太多，为了同恶劣的环境做斗争，先民们团结协作、和谐共处、相依相存、亲如一家，经过了几百年的发展，洞脚村现已是一个有着九个姓氏的侗族村寨。

(三) 洞脚的生计资源：依山靠水尚勤劳

洞脚村传统上是以自给自足的农业为主要谋生手段。岩王溪

---

① 杨学军：《"北侗"文化研究之我见》，《黔东南民族师专学报》（哲社版）1995 年第 3、4 期，第 56 页。

与岑广溪交汇于此，造就了千亩良田，因地势低洼且水源丰富，这里原为一片沼泽地，后被勤劳的山民开挖出来，成为如今的稻田主产区。山区少田，农耕作为农业社会的主要生计方式，四周的山林便是靠山吃山的来源，但凡略平整些的土地均被村民开发出来作为耕地或菜园，这里处处体现着山居村民的生存智慧。当然，靠山取材是清水江流域民族村寨居民繁衍生息的普遍生存之道。无论是从事畜牧业还是采集业，广袤的森林之中孕育的丰富多样的动植物资源都是山民们生活资源的必要补充。

洞脚村山清水秀、植被保存完好，自然生态环境良好，再加上层层叠叠的吊脚楼、巍峨矗立的鼓楼和古色古香的风雨桥，宛若一幅清新典雅的古寨山水画。秀丽的自然风光和深厚的人文气息成为洞脚发展旅游产业得天独厚的优势。

二 侗寨洞脚的传统生计体系

（一）稻杂兼作：自给自足的传统农耕方式

洞脚村作为清水江畔的山区侗寨，自古以来便以自给自足的传统农业为主，勤劳的洞脚人采用简单的农用工具和畜力来进行农业生产、养殖家禽家畜，繁衍着子孙后代。

在洞脚村，两山之间是由河流冲积而成的沼泽地，勤劳的洞脚先民们用自己勤劳的双手开垦土地、修筑田埂，把两山之间由河流冲积而成的沼泽地改造为如今的"坝子田"。由于山区耕地面积有限，四周山地中但凡略平整些的土地都被开垦出来种植经济作物以维系基本的生活所需。在洞脚人的心中，田和土有着严格的界限，田是水田，主要是指"坝子田"，水田主要种植水稻；而土则是指位于山坡处的旱地，用于种植蔬菜瓜果等经济作物。

水稻是田间的重要作物，是当地人生存的主要来源，由于洞脚山区冬季严寒，水稻一般一年种植一季，每年4月（清明谷雨时节）左右下种，9月间收获。在侗寨洞脚，稻田中形成的是稻鱼共生的复合生态系统，在旱地的耕种中，村民则是利用轮种与套种的耕作方式。山间的土地依四季更替而种植不同的经济作物。在与外界交流还不太方便、资金缺乏的传统农业时期，很多村民还留有蔬菜瓜果的自留种子，如今，随着交通条件的改善，蔬菜瓜果的种子村民都是通过赶集时在乡镇的集市上购买而来，很少有村民再留有自留种子了。

（二）六畜并重：山地畜牧业

洞脚周边土地有限，且农作物的生长易受天气影响不能保障生活的基本需求，这就使得村民亟须一种生计方式来补充生活所需，这时，养殖家畜和家禽就成为他们最好的选择。山间多草和灌木，这些自然资源是人类无法食用的，而牛、羊、鸭等家畜家禽能以此为食，并将其转化为奶、血、脂肪和肌肉，转供村民食用。另外，养殖业也能降低生存风险，因为农作物常会因气候原因而歉收甚至绝收，家畜家禽则为这些不可预测的灾害风险提供了对冲保障。①

---

① 庄孔韶：《人类学概论》，中国人民大学出版社，2006，第80页。

在洞脚，每家都养有牲畜和家禽。一般人家每年至少会养一头猪，多则 300 斤，少则 100 斤。一般要等到过年时才杀猪，猪肉和猪油不仅是过年的必备物资，吃不完的猪肉还可熏制成腊肉挂在灶台上，作为村民一年中肉质食物的主要来源之一。养牛与否一般是依照家里的具体经济情况而定，凡是经济条件较好的家庭都会选择牛作为耕田畜力或者直接出售成熟的牛肉以补贴家用。因为洞脚的田地原为沼泽地，土地较为疏松，"铁牛"之类的机器并不适用，所以牛是田间耕作的主要劳动工具。羊非常适合山地生活，洞脚周边生长的各种草类和灌木都是其主要食物。羊不仅可以作为食物的来源，也可以作为洞脚与外界交换的商品，是村民收入的来源之一。饲养的家禽主要有鸡和鸭，可自己食用也可对外销售来补贴家用，由于缺乏专业的养殖技术和受到地理条件的限制，村民养的鸡往往不易存活，因此养鸭的农户数量较多。

（三）取利于山：山地林业与贸易

侗族自古以来与自然和谐共生的理念使他们爱树、惜树，有着植树造林的优良传统。因此，在侗族村寨有"十八年杉"的传统习俗和"林粮间作"的种植技术等。

洞脚村寨两边青山环绕、百年良木繁多，优质经济木材也多产自此地，其树木的种类有红豆杉、银杏树、杉木、构树等，由于树木繁盛，品种较多，当地人也无法统计出山林中树木的种类究竟有多少。山区的子民深爱着大树，对于有一定生长年代的大树他们敬之、爱之，只是砍伐自家山地里种植的经济林木出售以用于补贴家用。木材出售的范围一般为本镇或本县内，村民们会事先联系好镇上有需要的木材采购商，谈妥价格之后再运送木材至镇上。由于传统农业社会的陆路交通不便，缺乏有效的交通工具，人们便会充分利用水运。每逢夏秋多雨之时，河流水位上涨，人们便把山间的经济林木砍下放入河流中，让其顺着水势流往城镇从而进行木材交易，通常一堆木材会有几个人尾随其后看管。因此，木材交易也成为传统生计的收入来源之一。

（四）艺技资家：手工副业

洞脚村寨和谐共生的自然和人文环境造就了其丰富的林木资源，当地盛产楠竹、白竹、水竹等。于是，心灵手巧的村民们将竹子制成各种竹编制品以用于生活所需。竹制品主要经过起底、编织、锁口三道工序，以经纬编织法为主，还可以穿插各种技法。① 竹编工艺以水竹和楠竹为原料，制成鸟笼、鱼篓、虫篓、背篓、竹篮、竹筛、鱼筛、撮箕、饭盒等生产生活用品。编好的各式竹编工艺品往往会在周边的乡镇集市上兜售，卖得的钱用来补贴家用。

木工是一种古老的行业。木匠以木材为材料，伸展绳墨、刨平材料，制作出各式各样的木质工艺品和家具用品。位于清水江流域的洞脚村，山林茂密、木材种类繁多，当地的房屋建筑材料便就地取材，各类家具也由木材打造而成，这就需要大量木匠对这些木材进行加工打造。在洞脚村是不乏各类能工巧匠的，几乎

---

① 刘玮玮：《四川竹编工艺的传播及其现代化重构——以崇州市道明竹编为例》，硕士学位论文，成都理工大学，2015。

每个成年男子都会木工工艺，他们农忙时在家种田，农闲时则在周边村寨帮忙做些木工活计以增加收入。

（五）以短补长：其他生计

1. 妇女制布与刺绣

勤劳的洞脚村妇女会自己种植棉花，把自产的棉花用于制作布料。由于与汉族文化接触较为频繁，清水江流域的北部方言侗族地区的服饰与汉族服饰十分相似。在洞脚村，女性外衣大多为青色或深蓝色，右衽圆领，托肩彩色滚边，腰系彩色腰带并配有两条带幛。[①] 男性外衣也多为青色或深蓝色，立领开襟，款式简单大方。

2. 采集草药

侗族村民在长期与各种疾病的抗争中积累了一定的治疗经验，进而形成了自己的医药学体系。在洞脚，传统侗族医药的传承往往是保密的，药方由当地侗医根据长期的行医经验所得，仅传授给自家后辈中有学医爱好和能力的子孙，当然，本村的其他后人若想学习相关医药知识，则需成为该侗医的学徒，在其家帮忙做事较长时间（一般为两至三年）才能习得。侗寨洞脚自古医药不分家，通常村里的病人来找侗医看病，经由侗医诊治后亲自上山采集药材回来给病人服用，所用药物多数是自采自制。[②]

---

① 阿土：《国家级非物质文化遗产——侗族刺绣》，《贵州民族研究》2011 年第 3 期。
② 徐静、杨军昌主编，杨军昌、李小毛、杨蕴希编著《贵州省非物质文化遗产田野调查丛书·黔东南苗族侗族自治州卷》，知识产权出版社，2018。

三　变迁中的洞脚生计方式

（一）洞脚村生计变迁及原因分析

笔者通过访谈法、统计法对洞脚村村民的生计方式进行了调查，力图从横向（即职业分类）和纵向（即不同历史时期的职业人数）两个方面了解村民的生计方式。通过对 1990 年、2000 年、2010 年、2015 年四年村民职业状况的田野资料进行统计而得出表 1 洞脚村 1990～2015 年村民职业统计，洞脚村纯务农的人数不断下降，外出务工的人数持续上升。农户的生计方式渐由单纯地依赖农业转向外出务工或者其他方式。从表 1 中还可看出其他类别的职业如公务员/事业编、养殖、经商等人数相较之前也有所增加，侗寨洞脚的生计方式朝着多元化方向发展。

表 1　洞脚村 1990～2015 年村民职业统计

单位：人

	纯务工	务农+零工	外出务工	经商	养殖	公务员/事业编	其他
1990 年	161	22	56	4	4	7	10
占总就业人数比重	60.98%	8.33%	21.21%	1.52%	1.52%	2.65%	3.79%
2000 年	93	46	184	9	4	10	12
占总就业人数比重	25.98%	12.85%	51.40%	2.51%	1.12%	2.79%	3.35%
2010 年	61	45	266	14	6	11	11
占总就业人数比重	14.73%	10.87%	64.25%	3.38%	1.45%	2.66%	2.66%
2015 年	73	42	240	21	16	22	13
占总就业人数比重	17.10%	9.84%	56.21%	4.92%	3.75%	5.15%	3.04%

资料来源：作者据调查所制。

基于田野调查和分析思考，笔者认为侗寨洞脚的生计方式是在外部的强力推动下，在民族内部社会文化的积极调适中不断发生变迁的。

外部的强力推动。在地方经济发展的进程中，国家权力发挥了重要作用。在国家权力"下探"到地方，在对地方社会和秩序进行建构的同时也影响其生计方式和文化发展。侗寨洞脚的传统生计系统在土地政策变革、家庭承包经营责任制的确立、改革开放带来的市场经济等国家制度变革的影响下发生着变迁，使得农村剩余劳动力增多。山林管理政策的变革使得传统生计中的山林贸易消失，在科学技术飞速发展的时代，农村大量劳动力开始向城市输出，外出务工成为新的谋生之道。另外，国家对于发展传统村寨旅游的优惠扶持政策则给民族村寨带来了发展新希望。

文化的自我调适。在生计方式的变迁过程中，侗族人发挥其自身文化特色以适应社会经济发展的内在努力是推进生计变迁的内在动因。侗族人性格乐观、隐忍不屈，在传统社会里，面对土地资源紧张的自然环境，他们采用稻田养鱼的循环耕作模式，综合利用了土地资源。侗家人与自然和谐共生的传统理念与现代农业所提倡的绿色环保不谋而合。地处清水江流域的侗家人深受儒家文化影响，积极出仕，十分注重对孩子的培养教育，这使得他们有较高的科学文化水平，很多人因为受到良好的教育而有机会走出大山。另外，家庭教育在侗族的家庭体系中占了较大的比重，每个侗族孩子都深受家族文化的影响，因此，即使很多洞脚人走出了大山仍心系家乡的发展，反哺意识较强，这为村寨的后续发展提供了不竭动力。

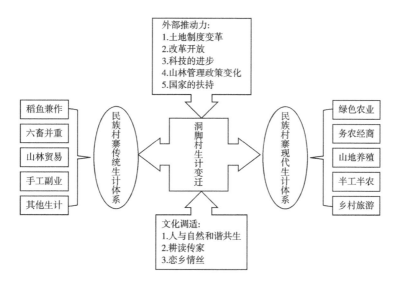

图 1　洞脚村传统生计变迁动因及过程

资料来源：笔者据调查所绘。

（二）绿色农业——传统农耕的变迁升级

侗寨洞脚的绿色生态农业是建立在传统农业基础之上而进一步发展的特色山地农业。其以种植业为主体，以养殖业为必要补充，在保护山地自然环境的基础上提高农作物的产量。农户们通过对科学种植农作物知识的学习，努力提高种植水平，从而实现人与土地资源的和谐共处。在种植过程中，村民们尽可能地放弃使用化学成分较多、对土壤肥力损坏较大的农药及化肥，而施用无污染的天然农家肥。洞脚村的农家肥料是由农户自己收集、加工和施用的有机肥，主要有人粪尿、家禽家畜排泄物、绿肥等。在种植方式上，稻田养鱼这种种植和水产养殖相结合的高效方式仍是洞脚村民最为普遍使用的方式，每家种植水稻的田间都放有鱼苗进行养殖。稻田养鱼的种植养殖品种在部分沿用传统优质品种的基础上，还尝试引用外界的新品种进行种植养殖。

（三）务工经商——脱贫致富的重要方式

家庭承包经营责任制打破了计划经济体制，为经济的发展提供了大量的农村剩余劳动力。改革开放拉开了中国经济腾飞的序幕，大量工厂企业如雨后春笋般涌现，大量的农村劳动力纷纷涌入城市。至今，外出务工已然成为提高农民收入、缓解农村人地矛盾的重要手段。[①] 根据笔者的田野调查发现，洞脚村外出务工人员已经占总体从业人数的 56%，成为农村收入的重要来源。

洞脚村村民外出务工的主要地点为珠三角和长三角一带的经济发达地区。最初是外地工厂派相关人员来到西南山区村寨招聘工人，胆大敢闯的人便开始尝试走出大山，后来随着外出务工人员的增多，人们纷纷依靠地缘及亲缘纽带建立相关人际关系了解外面工厂的招聘信息，选择去自己比较熟悉的人介绍的地方工作。实际上，外出务工的生计方式伴随的是村民们无比艰苦的工作。在调查中可以发现，村民从事的主要是建筑业、制造业、纺织业等劳动力密集的基础性行业，建筑类行业往往具有一定的危险性，意外致伤致残的情况总是难以避免的，而制造业和纺织业等则需适应高强度的劳动时间和恶劣的工作环境。同时，为了节约生活开支，村民们在外打工通常都居住在生活条件较为简陋的活动板

---

① 黄平、E. 克莱尔：《对农业的促进或冲击：中国农民外出务工的村级研究》，《社会学研究》1998 年第 3 期，第 71~82 页。

房或廉价出租房里。

（四）山地养殖业——绿色农业发展的重要补充

随着农业经济的发展，一些在家务农的村民也在积极谋求更高效的生存之道，于是开始了一定规模的山地养殖。目前，洞脚村山地养殖的项目有稻田养鱼、水塘养鸭、山地养羊和山地养牛四种形式，畜牧产品主要用于销售，销售的范围主要为周边的乡镇，最远的可销往黔东南州州府凯里。目前，在洞脚村专门从事养羊的村民约有6户，专门从事规模化稻田养鱼的有6户，规模化养鸭的2户，但村寨里还是不乏因缺乏养殖经验而失败的农户。因此，是否掌握先进的养殖技术是养殖成功与否的关键。再者，年轻人利用网络销售农产品也是一种好的销售方式，这拓宽了洞脚村农产品的销售渠道，也为进一步扩大生产提供了动力。老一辈人在养殖技术方面有更多的实践经验，而年轻人则更能娴熟地利用现代化工具提高劳动生产率，新老一代智慧与经验的交融共同推动着洞脚山区养殖业的发展。

（五）半工半农——"混合经济"的从无到有

半工半农的生计方式主要包括两种类型，一种为村民利用农闲时间在外做些零工，做工的内容包括维修公路、修建停车站等公共基础设施和修建水泥砖房、搭建木房等。这种务工形式以男性外出务工为主，有时女性也会帮忙做些小工。但是男女之间的工资水平是有差异的，一般男性劳动力的工资高于女性。通常，男性主要从事重体力及技术要求较高的如搭建木屋房架等工作，而女性则主要从事搅拌水泥、挑砖、煮饭等工作。另一种为候鸟式务工，这种形式是村民在农闲时固定有几个月在外务工，农忙时节则以在家务农为主。在外务工内容主要为劳务输出，最常见的形式为前往广东、广西一带帮忙砍甘蔗。每年11月至次年的2月左右是两广地区甘蔗收获的时节，也是洞脚村寨农闲的时候，于是许多村民纷纷邀伴结群前去务工。最初是由外地来人招工，后来彼此渐渐建立了较好的互信机制，每逢收割之时，外地人只需电话联系当地一名人员来进行组织，当地的组织者便会召集本寨及其周边村寨有外出意向的人员一同前往。这种务工一般夫妻俩同去的较多，在外砍甘蔗每天的工作量较大，以每日砍得甘蔗的重量计价。砍甘蔗的地点会不断变换，外出务工的村民砍完了一个村的甘蔗，又立即奔赴下一个村继续工作。路上的伙食和住宿需村民自己想办法解决，晚上可以借住在当地农民家里，伙食问题要靠自己解决，女人们往往会自己去买菜做饭，而那些同去的单身汉则会来搭伙吃饭，当然，搭伙者需要交一定的伙食费用。砍甘蔗的工作十分辛苦，为了尽快完成预期规定的工作量，劳动者们每日都是早出晚归，即使是过春节的时候也不能休息。村中还有几人曾因砍甘蔗而受伤，有的被误砍了手指，更有被砍断了腿的。但这样的伤也只能自己承受，并没有相关的医疗保险可以报销。

（六）乡村旅游业——渐已兴起的朝阳产业

1. 洞脚村寨乡村旅游业发展状况

洞脚之美，美在自然天成，美在青山绿水。随着洞脚村乡村旅游的兴起，在每年农历七月半九姓共同祭祖之时，全国各地的游客纷纷慕名而来，他们为洞脚的自然山水所吸引，于是这里的农家乐开始发展起来。洞脚里有眼光的村民发现了这一商机，便把自家的房子略作装修邀请游客入住，一间房间内摆有两张床，一般是30元一张床铺。但在洞脚真正以旅游业为主要收入来源的人家却不多，村中被认为有开办农家乐条件的只有4家。洞脚的旅游服务业总体发展水平较低，旅游服务的主要项目是到家中住宿以及吃些当地的养殖产品，没有较高的附加值，也没有开发出旅游纪念品。

2. 整合周边旅游资源，形成完整的旅游产业链

民族村寨的开发旅游不应是一枝独秀，而是要百花齐放，如洞脚周边的谢寨至今仍保存着大量的古碑和古迹，是北部侗族方言区内不可多得的文化遗产。如何对周边的旅游资源进行整合，以更好地进行旅游开发，是洞脚周边北部方言侗族区文化旅游开发需要思考的方向，可重点从自然风光和民族风情两个方面进行整合开发利用。

四　乡村振兴战略下民族村寨发展走向探讨

中国共产党第十九次全国代表大会提出了实施乡村振兴战略，指出要坚持农业农村优先发展，按照产业兴旺、生态宜居、乡风文明、治理有效、生活富裕的总要求，建立健全城乡融合发展体制机制和政策体系，加快推进农业农村现代化。乡村振兴战略为

民族村寨的发展指明了方向。

（一）构建现代农业产业体系，推进民族村寨绿色产业的兴旺

农业，从来都是农村生计的基本来源，无论在哪个时代，都是不可动摇的一环。地处农村地区的民族村寨仍需巩固村寨农业的基础地位，以发展绿色农业为主导，培育山地养殖为补充，努力朝着生态农业的健康方向发展。贵州清水江流域的民族村寨地处贵州黔东南地区，这里植被茂密、动植物资源丰富、工业污染较少，是适宜发展绿色农业的处女地。清水江流域的民族村寨可牢牢把握自身天然资源优势，在其原有的"稻田养鱼""粮林兼作"传统生态农业的基础上引入市场机制，在保护生态环境的原则下建立现代农业产业体系、生产体系、经营体系，完善农业支持保护制度，发展多种形式适度规模经营。稻田养鱼的复合型生态农业方式可进一步推广，山地畜牧业依靠山区的自然环境仍有较大的发展空间，而山间得天独厚的自然条件为发展中草药行业奠定了基础，因此发展种植中草药等经济作物的绿色农业大有可为。再者，培育新型农业经营主体需变革传统农业社会中自给自足的小农思想，树立市场经济竞争发展意识，加强对农户专业绿色知识的培训学习和对外营销的战略规划，使来自民族村寨的绿色农产品能真正走出去。当然，健全农业社会化服务体系，完善民族村寨的基础设施建设和对外交通条件，提升民族村寨的教育水平和医疗设施水平，建立起较为完善的市场和社会风险防范机制，才能实现小农户和现代农业发展的有机衔接。

（二）培育多方协同参与的乡村旅游业，建设生态宜居的民族村寨

工业时代在变革生产力的同时也改变了人类的生活和居住模式，然而，一些欠发达的地区因与外界联系不便，造成了自身封闭发展的现象，形成了富有地域或民族特色的乡土建筑和浓郁的民俗风情。① 这些地方往往成为发展乡村旅游的理想之地。清水江流域的特色民俗便是其中散落的璀璨明珠，这里以其古朴秀丽的自然风光和韵味十足的民族风情吸引人们的眼球，有较好的发展乡村旅游的先天条件。② 在国家层面上，对于民族村寨发展乡村旅游也极为重视，相继出台了一系列的扶持政策。如住房和城乡建设部、文化部、国家文物局、财政部提出的《关于切实加强中国传统村落保护的指导意见》中指出："传统村落传承着中华民族的历史记忆、生产生活智慧、文化艺术结晶和民族地域特色，维系着中华民族的根，寄托着中华各族儿女的乡愁。"③ 又如在《黔东南州人民政府办公室文件》〔2015〕7 号中的第十六条也指出："传统村落应当实行整体保护，突出保护好传统村落的自然环境、历史文脉、建筑风格以及空间形态。"④

清水江流域的民族村寨可结合自身传统文化和特色民居的优势，积极利用国家提供的相关优惠政策取得资金和项目支持，从

① 〔英〕阿诺德·汤因比：《历史研究》，刘北成、郭小凌译，上海人民出版社，2002。
② 王伯承：《贵州省民族村寨保护与发展的现状、问题及对策》，《贵州民族学院学报》（哲学社会科学版）2011 年第 5 期，第 50 页。
③ 周宏大、王秀兰：《农村政策法规》，中国农函大，2005。
④ 《黔东南州人民政府办公室文件》，黔东南府办发〔2015〕7 号，2015。

而改善本村的基础设施建设，提升乡村旅游服务接待能力，发展乡村旅游。清水江流域遍布的民族村寨因民族和风俗的不同，彼此之间既有关联又有差异，这就需要旅游开发者和人类学者深入调查不同民族村寨的特点，对各具特色的旅游资源进行整合，打造完整的旅游产业链。按照景点景区分布特点和民族文化特点，整合旅游资源，通过构建高效率的旅游框架和网络系统，发展村寨旅游的特色板块，形成区域旅游经济的整体优势与合力，提高民族地区旅游资源的利用效率和旅游收益。同时，建立各行政区域旅游经济协调机制，指导和管理跨区域旅游资源开发，协调联合开发过程中的摩擦和冲突，促进区域整体利益的最大化。[①] 当然，这其中也需要民族文化的真正主人即当地村民自觉挖掘自身文化特色，提高自身知识水平，进而具有一定的旅游服务能力，避免落入金钱至上的窠臼中。

（三）支持和鼓励农民就业创业，拓宽农民的增收渠道

民族地区在传统农业社会中，多以自给自足的农耕经济为主，市场经济贸易不完善，农民需靠自己勤劳的双手来创造生活的一切所需。山间丰富的物资如木材、竹子及各种动植物资源都是生活的物质来源。因此，在民族村寨往往不乏各式能工巧匠，其中黔东南的木匠较多，独具特色的木制吊脚楼、精湛绝伦的木器雕花制品等都是其典型作品。妇女们在农闲时，擅长各类刺绣工艺，刺绣成品因其极具民族特色而被世人所喜爱。因此，在民族地区

① 李忠斌：《民族经济学》，当代中国出版社，2011，第112页。

刺绣手工艺品及木制加工品、修建吊脚楼的建筑业等特色民族工业有较好的发展前景。国家对于发展乡镇企业有较大的扶持力度，主要是从资金信贷、税收、技术改造、人才引进方面进行扶持。民族地区可以充分利用国家的政策倾斜来谋求自身的发展。

在改革开放带来的打工潮中，许多民族村寨的村民纷纷涌入北上广浙等发达地区务工。外出务工的过程虽艰辛却也打开了一条通往外界的渠道，使不少村民有机会到沿海一带学习外界的先进科学技术和理念，既开阔了他们的眼界，也提高了他们的能力。不少村民利用在外习得的知识回到家乡创业，成为乡镇企业的主要劳动力来源。因此，民族村寨应结合本地区的特色资源优势，充分利用好国家对乡镇企业的一系列优惠政策，发展经商贸易与乡镇企业，从而增加民族地区村寨人们的就业机会，提高村民的经济收入。

（四）加强农村基层基础工作，健全自治法治德治相结合的乡村治理体系

传统的民族村寨是建立在血缘和地缘基础上的群居聚落，群居生活势必会有各种矛盾以及复杂的人际关系，于是，一种为人们共同遵守的社会生活行为规范呼之欲出，在民族村寨里这些规范往往以风俗习惯的方式表现出来，从而形成习惯法。① 早期的社会规范往往是以口头议定或碑文制定为主，这些规约通常是由村中德高望重的寨老与村民们共同商议而制定的，从保护村民的共

---

① 李平凡、颜勇主编，贵州省民族事务委员会、贵州省民族研究所编《贵州"六山六水"民族调查资料选编·侗族卷》，贵州民族出版社，2008。

同利益出发规定了村民社会经济生活中各种行为规范，从而维护着村寨日常社会生活体系的正常运转。在现代的农村基层工作治理中，可在遵循国家乡村治理基本原则的条件下，充分发挥民族地区习惯法的作用，健全村民自治意识，结合法治和德治的基本理念，构建起和谐文明的乡村治理体系。

新时代全面建成小康社会需坚持 各民族共同繁荣发展

王宁宁*

摘　要： 共同繁荣发展，是我国民族工作主题的一个重要方面。新时代，为加快缩小和逐步消除我国各民族之间的发展差距，实现全面建成小康社会的宏伟目标，党和国家应该继续坚持各民族共同繁荣发展的原则。本文主要从坚持各民族共同繁荣发展是新时代实现全面建成小康社会的要求、对实现全面建成小康社会的重要作用以及新时代全面建成小康社会要坚持各民族共同繁荣发展的路径选择三个方面进行阐述。

关键词： 新时代　小康社会　共同繁荣发展

党的十八大提出了全面建成小康社会的奋斗目标，开启了中华民族走向伟大复兴的新征程。[①] 2017 年 11 月，习近平同志在十

---

* 王宁宁，贵州民族大学 2016 级马克思主义民族理论与政策专业研究生。

[①] 吕海梅：《贵州民族地区全面建成小康社会的重点与难点分析》，《贵州民族研究》2013
年第 6 期，第 111~114 页。

九大报告中强调"中国特色社会主义进入新时代"①。在新时代，全国各地经济发展迅速、经济实力明显增强，全面建成小康社会取得了显著的成效。但部分自然环境恶劣、区位不占优势的少数民族地区与全国其他地区相比，在政治、经济、文化等方面发展较为滞后，存在着不容小觑且越拉越大的发展差距。少数民族和民族地区在全面建成小康社会的征程中面临的困难更多、压力更大。我国的社会主义民族关系决定了56个民族像石榴籽一样紧密拥抱、互不分离。在大步迈向全面小康社会的道路上，全国各民族要团结一心、携手并进、相互帮扶，不能让任何一个民族落在民族大团结、大繁荣队伍的后面。各民族应当共同团结奋斗，共同繁荣发展，为全面建成小康社会而努力。

一　坚持各民族共同繁荣发展是新时代全面建成小康社会的要求

各民族共同繁荣发展是全面建成小康社会的要求，对实现全面建成小康社会的宏伟目标有着非常重大的意义。

（一）全面建成小康社会和各民族共同繁荣发展的内涵

全面建成小康社会的奋斗目标是确保到2020年，实现少数民族和民族地区与全国同步建成小康社会。"全面"指的是在全国人

---

① 《决胜全面建成小康社会　夺取新时代中国特色社会主义伟大胜利——在中国共产党第十九次全国代表大会上的报告》（2017年10月18日），新华网，2017年10月27日。

口上的全面，即少数民族和汉族；以及在地域上的全面，即民族地区与全国其他地区。不仅在民族间，也在地域上实现全面建成小康社会目标。如果少数民族和民族地区没有实现小康，我国就不能称作实现了全面建成小康社会的目标。自改革开放以来，在党和国家的领导下，我国的经济社会发展取得了举世瞩目的成就，进入新世纪新阶段，我国经济社会的发展又实现了新的飞跃。特别是党的十八大以来，在党中央、国务院的正确领导下，我国的经济社会发展进入了新时代，面临着新的战略机遇。与此同时，少数民族和民族地区的经济社会虽然也实现了天翻地覆的跨越式发展，但与东部沿海地区相比，民族地区在全面建成小康社会的伟大征程中仍然存在大量迫切需要解决的矛盾和问题。少数民族地域辽阔，自然条件、民族情况、经济结构、生活习惯等千差万别，大多数地区生产力发展水平低。[1] 虽然少数民族地区与全国其他地区一同全面建成小康社会的伟大征程仍存在一些困难，但是中国共产党对于带领全国人民共同实现这一宏伟目标有着坚定的信念和决心。

　　各民族共同繁荣发展，具体来讲，就是各民族的经济和社会各项事业都不断得到发展，自身素质都得到发展提高，并且各民族的特点和优点都得到充分的展现，共同走向民主、富裕、文明的社会主义现代化社会，共同享有国家现代化建设所取得的成果。[2] 共同繁荣发展，是我国民族工作主题的一个重要方面，是我

①　杨昌儒：《民族理论论纲》，贵州人民出版社，2006，第246页。
②　青觉、马守途：《论社会主义时期各民族共同繁荣发展》，《中南民族大学学报》（人文社会科学版）2007年第3期，第20~23页。

党在正确认识中国是统一的多民族国家的具体实际提出的，对处理民族工作而言意义深远。各民族共同繁荣是中国共产党民族政策的根本立场，是我国社会主义制度的根本要求，是民族工作的根本出发点，也是加强民族团结、巩固国家边防、维护祖国统一，实现中华民族伟大复兴"中国梦"的必然要求。[①] 我国是统一的多民族国家，各民族都是中华民族大家庭中不可分割的一员。各民族共同繁荣发展，是全国各族人民的共同愿望，有助于全面建成小康社会、有助于实现中华民族伟大复兴。

（二）坚持各民族共同繁荣发展是新时代全面建成小康社会的要求

"一花独放不是春，百花齐放春满园。"[②] 我国是统一的多民族国家，是由56个民族组成的大家庭，新时代全面建成小康社会就是要实现全国各民族共同生活的小康社会。如果各民族之间长期发展不均衡，一些民族发展较快，另一些民族相对较落后，民族矛盾、民族间冲突便会接踵而来，社会主义的优越性就无从彰显。实现各民族共同繁荣发展，是中国共产党在民族问题上的根本立场，是解决民族问题的崇高目标。新中国成立后，废除了民族压迫制度，实现了各民族在政治上、法律上的平等，各民族都平等地享受到宪法和法律所规定的各项权利。[③] 只有各民族在经

---

① 刘吉昌：《新常态下民族工作的主题宗旨：促进各民族共同繁荣发展——习近平民族工作思想研究系列论文之五》，《黑龙江民族丛刊》2016年第4期，第6~11页。
② 《古今贤文》（合作篇）。
③ 杨春郁：《中国共产党关于各民族共同发展繁荣的理论与实践》，《呼伦贝尔学院学报》2011年第5、6期。

济、政治、社会、文化和生态各方面发展水平趋向均衡，各民族共同繁荣发展了，才能更加接近事实上的民族平等。当各民族更加接近事实上的民族平等，各民族将会更加团结；当各民族越发团结，各民族将越发繁荣发展，全面建成小康社会的目标自然实现。

二 新时代各民族共同繁荣发展对全面建成小康社会的重要作用

全面建成小康社会的奋斗目标，旨在实现全国各族人民共同生活的小康社会。各民族共同繁荣这一民族工作主题对全面建成小康社会意义重大、作用明显。

（一）各民族共同繁荣发展是全面建成小康社会的根本前提

2015年1月20日，习近平总书记在云南考察，在会见贡山独龙族怒族自治县干部群众代表时提出"全面实现小康，一个民族都不能少"[①]。全面建成小康社会是要达成全国各族人民共同的小康，不仅是要达成地域上的全面小康，还要达成人口上的全面小康，即习近平总书记多次强调的全民小康。民族地区大多处于交通不便的山地或自然环境恶劣的边疆地区，存在着经济不发达、城乡收入差距大、交通不便、贫困面大、贫困人口多、贫困程度深等诸多问题，严重阻碍民族地区的各项发展。民族地区要审其身、量其力，制定适合自身的发展路径，推动经济和社会的发展。各

---

① 《习近平总书记会见贡山独龙族怒族自治县干部群众代表侧记》，新华网，2015年1月22日。

民族共同繁荣发展需要党和国家对民族地区的大力扶持，帮助民族地区大力发展经济，扫清发展路上的障碍，获得更多的相对公平的发展机遇。有了各民族的大繁荣大发展，全面建成小康社会指日可待。

（二）新时代各民族共同繁荣发展是全面建成小康社会的必由之路

2020 年，是全面建成小康社会的决胜期。在全面建成小康社会的伟大征程中，全国各地经过预热、起跑，现在已然到了冲刺阶段。提高民族地区的经济发展速度是我国经济建设任务中的重中之重。新时代的中国，中国的教育发展了、经济发展了，中国人民的生活越来越好了。从孩提到如今，对于中国的巨变，我们这一代人深有感触，虽不及父辈祖父辈那样感受深刻，但也或多或少在心中留有一些关于中国发展历程中的种种痕迹。小时候的汽水、冰棒变成了现在的可乐、冰激凌；小时候的人工收割变成了现在的全机器收割；小时候的老式自行车变成了现在的电动自行车；小时候的泥巴路变成了现在的柏油路。然而部分区位不占优势的民族地区的人民依然过着出行靠走泥土路和陡峭山路、收割农作物全靠人力，劳动强度大但收入微薄的困难生活。在党中央、国务院的政策支持下，民族地区正全力推动经济社会各项事业的全面发展，努力发展经济，提高生产力水平。只有全国各民族都得到繁荣发展，才能巩固民族团结，团结的力量更能带动各民族的繁荣发展。新时代各民族共同繁荣发展是全面建成小康社会的必由之路，只有牢牢把握这一主题，才能缩小和消除各民族发展水平差距，才能使各民族，特别是少数民族及其聚居地区与全国其他地区同步实现全面建成小康社会的目标。①

（三）各民族共同繁荣发展是全面建成小康社会的物质保证

我国各民族在经济、文化、教育、法制、公共社会服务等各方面得到充分的发展，将为实现全面建成小康社会提供物质保证。首先从经济来看，各民族在经济上快速发展，能辐射到文化、教育、法治以及公共社会服务的发展，推动全面建成小康社会的进程；从文化来看，各民族有自己的特色民族文化，比如苗族有苗银、侗族有风雨桥、布依族有"好花红"，等等。民族文化的繁荣发展，能形成极具优势的产业链，不仅能推动民族文化走出省际、国际，甚至走向世界，还能带动民族地区的旅游业发展，推动经济高速发展，加速全面建成小康社会进程；从教育来看，孩子是民族的未来，抓好孩子的教育，将为国家培养大批人才，带动当地和整个国家的经济发展，加速全面建成小康社会进程；从法治来看，法律是我国实现少数民族享有民族平等权利和自治权利强大的保障，也为经济、文化等方面的发展提供了保障；从公共社会服务来看，一个地区的公共社会服务的水平在一定程度上能够体现一个地区全面建成小康社会的发展状况，如果一个地区公共社会服务水平高，则说明这个地区发展良好、经济实力雄厚；如果一个地区公共社会服务水平偏低，则说明这个地区经济水平发展缓慢，全面建成小康社会仍任重道远。

---

① 郝时远：《中华民族伟大复兴的必由之路——各民族共同团结奋斗、共同繁荣发展》，《民族研究》2009 年第 6 期。

三 新时代全面建成小康社会要坚持各民族 共同繁荣发展的路径选择

民族地区与全国其他地区相比，全面建成小康社会面临的压力更大，但民族地区在后发赶超的经济发展之路上有着巨大的潜力。实现全面建成小康社会的目标，要求党和国家坚持"各民族共同团结进步、共同繁荣发展"这一民族工作主题，全面落实科学发展观、大力发展民族地区经济；加强少数民族和民族地区的法制建设，保障少数民族和民族地区群众各项利益；大力发展民族教育、文化事业，继承、创新和繁荣各民族优秀传统文化，弘扬中华文化。

（一）全面落实科学发展观、大力发展民族地区经济

习近平总书记强调，"发展是解决民族地区各种问题的总钥匙"，如果民族地区发展差距持续拉大的趋势长期得不到扭转，就会造成心理失衡乃至民族关系、地区关系失衡。少数民族和民族地区在经济发展方面任重道远，少数民族和民族地区实现小康社会的目标显得尤为重要，需要党和国家给予高度重视和大力扶持，且党和政府的扶持力度在今后很长一段时期内不会削弱。少数民族和民族地区必须全面落实科学发展观、大力发展生产力。

我国重视 56 个民族全面且均衡的发展，针对民族地区的现实

经济社会状况，党和国家制定并实施了一系列行之有效的民族政策和措施，推动了少数民族和民族地区经济社会的发展。① 由此，我国提出西部大开发的战略，而后又提出"一带一路"和"长江经济带"经济发展倡议，加快少数民族地区的经济社会发展。大部分民族地区所在区位不占优势，因山地、喀斯特地貌（岩溶地貌）分布过多导致交通不便、经济活动活跃程度很低，不如内地经济活跃。大部分少数民族和民族地区社会生产力相对落后，人民群众生活水平较低。但少数民族和民族地区都有着独特的优势，比如环境优美、自然资源丰富等。民族地区应当明确自身优势并且善于利用自身资源和环境优势助力经济又好又快发展。比如贵州作为生态旅游大省，在新时代充分利用自身良好的环境、旅游资源、大数据资源，大力发展旅游业，为贵州的经济带来强大的内驱力，带动贵州广大人民群众劳动致富。当地的大街小巷随处可见写有"绿水青山就是金山银山"的横幅，丰富的资源和良好的生态环境正是民族地区的特色，日益成为其他地区望而不得的巨大优势。新时代民族地区必须落实科学发展观，大力发展经济，扫除发展道路上的种种障碍，最终实现各民族的共同繁荣，与全国其他地区共同建成小康社会。

（二）加强民族地区的法制建设

新时代是法制化进程不断加快和更加完备的时代。加强法制建设，全面依法治国是团结各族群众共同实现中华民族伟大复兴

---

① 金炳镐：《新中国民族政策发展 60 年》，《中南民族大学学报》（人文社会科学版）2009年第 6 期，第 1~8 页。

"中国梦"的重要推动力。① 大力加强法制建设有助于帮助少数民族和民族地区加快发展，促进民族团结。为此，党和政府制定和实施了诸如民族区域自治制度和培养少数民族干部等一系列政策，推动少数民族和民族地区经济社会良好发展，加快全面建成小康社会的进程，促进我国民族关系呈现民族平等、民族团结、各民族共同繁荣发展的良好局面。这些为保障少数民族和民族地区权益而制定和实施的一系列相关政策，无论是在制定还是实施的过程中，都需要法律来保驾护航。

随着全球化进程的加快，各国之间的联系越发密切。全球化是一把"双刃剑"，在加快经济社会发展的同时，各种思潮涌现、国内外敌对势力暗流涌动，企图通过一系列不正当手段分裂我国。必须通过法律武器严厉打击民族分裂势力、宗教极端势力和暴力恐怖势力等一系列违法犯罪活动。加快民族地区的法制建设，加强民族地区基层法治队伍和机构建设，普及法律知识。帮助少数民族和民族地区群众树立法律意识，让他们学会并善于拿起法律武器来维护自身的合法权益。党和国家为少数民族和民族地区的各项发展提供了法律保障，同时民族地区的群众也要善于利用法律武器扫除阻碍民族地区发展的一切障碍。

（三）大力发展民族教育、文化事业

民族教育是少数民族教育的简称，是指对汉族以外的其他55

---

① 董强：《坚持和贯彻"四个全面"战略布局与解决民族问题》，《贵州民族报》2017 年 1 月 12 日，第 A01 版。

个少数民族实施的教育，是中国整个教育的重要组成部分。[①] 国家大力支持少数民族教育、大力发展民族地区教育事业，是全面建成小康社会的基础性、长远性工程。[②] 民族教育的目的是通过传播科学技术知识培养少数民族人才，给来自经济落后、地理位置较偏远的少数民族群众搭建一个学习知识、提高自身综合素质、掌握就业技能的平台，以帮助少数民族群众成长成才，顺利就业，实现人生价值，推动社会的进步。民族地区尤其要重视职业教育，就业是民生之本，重视民族地区职业教育，开展丰富多样的职业技术技能培训，使更多民族地区青少年掌握生存劳动技能，从而解决民族地区青年就业问题，这在民族地区脱贫攻坚过程中起过不可忽视的作用。新时代的民族教育，不仅能够帮助少数民族地区的学生成长成才，迅速适应时代发展，把握时代机遇从而实现自我提升，同时可以加速少数民族地区的经济、文化事业发展，帮助继承和发扬民族文化，促进各民族共同团结奋斗、共同繁荣发展。

文化是一个民族发展的内在动力，民族的繁荣离不开文化的繁荣。[③] 璀璨的民族文化是历史和祖先遗留给我们的瑰宝，继承和创新民族文化将加速民族地区经济发展。民族地区自然资源丰富、民族文化丰富多彩，大部分民族地区依据自身自然环境优势和独特的民族文化吸引力纷纷开发了旅游产业。不同民族文化的魅力

①　王鉴：《论我国民族教育的特殊性及其政策支持》，《学术探索》2010 年第 5 期。
②　刘吉昌：《新常态下民族工作的主题宗旨：促进各民族共同繁荣发展——习近平民族工作思想研究系列论文之五》，《黑龙江民族丛刊》2016 年第 4 期，第 6~11 页。
③　胡华征、青觉：《论社会主义时期各民族共同繁荣发展的内涵》，《云南民族大学学报》（哲学社会科学版）2006 年第 4 期，第 29~33 页。

在旅游产业中可见一斑，民族文化不仅带动了旅游产业发展，更是带动了民族地区的经济发展。各民族文化的繁荣将共同带动中华文化的大发展大繁荣。各民族文化越繁荣、越发展，就越能激发全国各族人民爱国主义热情，越有利于加强全国各民族的大团结。[①] 党和国家大力支持民族教育发展，继承和弘扬各民族优秀文化，不仅能推动民族地区的经济、社会、文化等方面的发展，同时为加速实现全面建成小康社会的目标提供强大的动力。全国各族人民都应当努力提高自己的知识水平、专业技能和思想道德修养，通过自己的劳动脚踏实地一步步完成自身的繁荣发展。

参考文献

吕海梅：《贵州民族地区全面建成小康社会的重点与难点分析》，《贵州民族研究》2013 年第 6 期。

《决胜全面建成小康社会 夺取新时代中国特色社会主义伟大胜利——在中国共产党第十九次全国代表大会上的报告》（2017 年 10 月 18 日），新华网，2017 年 10 月 27 日。

杨昌儒：《民族理论论纲》，贵州人民出版社，2006。

青觉、马守途：《论社会主义时期各民族共同繁荣发展》，《中南民族大学学报》2007 年第 3 期。

刘吉昌：《新常态下民族工作的主题宗旨：促进各民族共同繁荣发展——习近平民族工作思想研究系列论文之五》，《黑龙江民族丛刊》2016 年第 4 期。

吴仕民：《中国民族理论新编》，中央民族大学出版社，2014。

[①] 胡华征、青觉：《论社会主义时期各民族共同繁荣发展的内涵》，《云南民族大学学报》（哲学社会科学版）2006 年第 4 期，第 29~33 页。

杨春郁：《中国共产党关于各民族共同发展繁荣的理论与实践》，《呼伦贝尔学院学报》2011 年第 12 期。

《习近平总书记会见贡山独龙族怒族自治县干部群众代表侧记》，新华网，2015 年 1 月 22 日。

董强：《坚持和贯彻"四个全面"战略布局与解决民族问题》，《贵州民族报》2017 年 1 月 12 日，第 A01 版。

郝时远：《中华民族伟大复兴的必由之路——各民族共同团结奋斗、共同繁荣发展》，《民族研究》2009 年第 11 期。

王正伟：《谱写民族团结进步中国梦的云南新篇章——在贯彻落实中央民族工作会议精神推进云南民族团结进步　边疆繁荣稳定创建工作部省联席会议上的讲话》（摘要），《今日民族》2014 年第 11 期。

金炳镐：《新中国民族政策发展 60 年》，《中南民族大学学报》（人文社会科学版）2009 年第 6 期。

王鉴：《论我国民族教育的特殊性及其政策支持》，《学术探索》2010年第 5 期。

胡华征、青觉：《论社会主义时期各民族共同繁荣发展的内涵》，《云南民族大学学报》（哲学社会科学版）2006 年第 4 期。

跨境与变迁：朝鲜族传统文化的
家族根基与传承[*]

——对《原色记忆——朝鲜族一家人在东北》的
人类学探讨

朴婷姬[**]

摘　要：从桂氏和李氏两大家族的百年生活史，可以清晰地把握朝鲜族从朝鲜半岛的跨境移民融入为中华民族共同体成员的历史脉络，深刻理解朝鲜族的生活方式、道德伦理和价值观念。从一个侧面证实了朝鲜族传统的家族制度和家族观念对朝鲜族的民族凝聚力起着核心作用，同时对朝鲜族的国家认同、本民族文化传承以及与兄弟民族形成民族团结方面发挥着巨大作用。

关键词：跨境　朝鲜族　家族文化

---

*　本文为全国教育科学"十二五"规划项目"东北跨境民族文化传承与教育研究"，（项目编号 DMA130359）的阶段性成果。

**　朴婷姬，朝鲜族，博士，大连民族大学东北少数民族研究院院长、教授，延边大学兼职博士生导师。

最近，读了桂永梓的长篇纪实文学作品《原色记忆——朝鲜族一家人在东北》。该作品以作为社会结构重要组成部分的家族问题为切入点，系统梳理了桂氏家族和李氏家族的百年家族生活史，描绘了两大家族从朝鲜半岛移居到中国、由朝鲜移民融入为中华民族共同体成员的生活历程，这是一部朝鲜族的民族变迁史，同时也是一部中华民族的发展演变史。一直以来，东方民族都是以家族的完整与传承为立身根本。从一定意义上说，家族是一个特殊的文化系统，家族文化也是民族文化传承的灵魂和根基，该作品对于深入了解朝鲜族的历史与文化，特别是对家族社会生活史研究方面具有重要的学术价值和历史文化价值。本文通过对桂、李家族在中国散杂居地区生活场景以及移住地风土人情的追踪，生动地再现朝鲜族历经千辛万苦从漂泊到生根、从陌生到归属，在中国成功定居、逐渐融入中华民族共同体的历史进程，反映了朝鲜族通过积极参与共和国的重大历史事件、在社会生活中与兄弟民族交往交流交融，他们的国家观、中华民族观以及中华民族共同体意识不断清晰和牢固的心路变化。在此过程中，朝鲜族不断吸收兄弟民族的优秀文化，保存并发扬了本民族的固有文化，同时也充实和丰富了中华文化"多元一体"的内涵，为中华文明做出了自己的贡献。

一　从跨境移民到中华民族共同体的一员

桂氏家族和李氏家族都是朝鲜平安北道人，迁入我国东北后大体居住在朝鲜族的平安道风俗区域。①不同祖籍的朝鲜族在自己的居住地形成了具有朝鲜半岛不同区域特点的生活文化,从而使朝鲜族内部的民俗文化也呈现出同中有异、异中趋同的多元一体特征。

(一) 跨境而居

"从我记事起爸爸只要把行囊放在背架上,我就知道这意味着出发,到新的地方去!"作者在书中记录了桂氏家族 11 次迁徙的经历。桂氏家族是在 1925 年父亲 11 岁时举家从朝鲜渡过鸭绿江移居到中国的,之后的 43 年间在中国境内也一直在四处漂泊,足迹遍布辽宁、吉林和内蒙古自治区的奉天、开原、辉南、磐石、乌兰浩特、通辽等地的乡村与城市。

从初期的移居到定居,"流动"始终成为桂氏家族的一个突出的主题,从中也折射出了朝鲜族社会的一个主要特征。这与汉族安土重迁的文化传统形成了鲜明的对比,同时也有别于朝鲜半岛文化,朝鲜族特有的朝鲜半岛和中国的双重文化特征就是在这种频繁的移动背景下形成的。根据移民推拉理论的基本逻辑,移民的原因深受移民接纳国家与地区社会环境因素,特别是国家主权与移民政策因素的影响。作为移居国的历届中国政府对朝鲜移民采取何种政策,中国民众持何种态度,是移民迁移成败的关键。移民系统理论认为,在移民体系中存在宏观和微观的双重结构。其微观结构主要指的是移民链,家庭与社区在移民链中扮演了核

---

① 包括吉林省的集安市、通化市、宽甸县,辽宁省的沈阳市、丹东市、桓仁县、新宾县。

心角色。桂、李家族的移民史，可以从外因和内因、宏观和微观视角得到一定合理的解释。

1910 年朝鲜沦为日本帝国主义的殖民地后，朝鲜各阶层民众出于谋生、复国等考虑，开始大量逃往中国东北。"他们热望一片肥沃的土地，祈求找到希望的绿洲……""他们听说鲍家岗子朝鲜族人多，于是又拿起简单的锅碗瓢盆搬到那里。在鲍家岗子，外祖父申奉国一家与祖父桂晶洙一家相遇，开始了相互依靠相互帮助的生活。""他们的每一次搬迁都是为寻找更适合种植水稻的地方。""父母走到哪里都和亲戚们同行，他们相互依靠、相互帮助，同呼吸共命运似乎成了他们的生活信条。"可见，桂氏家族从朝鲜半岛移居中国，是因为朝鲜亡国、民不聊生所致；他们在中国境内屡屡搬迁，则是与朝鲜族不断追求美好生活有关。朝鲜族从朝鲜半岛迁入中国东北，同时也带来了先进的水稻种植技术。相对于擅长耕种旱地的关内移民，朝鲜族更多的是开发水田、种植水稻，使早年弃置的洼田水塘变为膏田，并且鸭绿江流域地势低洼、气候湿润，具有先天地理优势，适合水田种植。朝鲜族利用这些优势，在鸭绿江流域大力种植水田，很大程度上促进了东北农耕文化的发展以及中国边疆的开发和稳定。

（二）融入中华民族大家庭

作品展现了桂、李家族在抗日战争和中国国内革命战争中的辉煌历史，显示了朝鲜族与中华民族的一体性。桂、李家族在中国能够成功定居，与中国共产党的民族政策密切相关，也与中国共产党的社会主义理念以及平等团结、互助和谐的民族关系分不开。从桂、李家族史，人们可以了解到朝鲜族与其他民族精诚团结，为了成立中华人民共和国不惜流血牺牲，他们付出了汗水和鲜血，融入了中华民族大家庭。

1. 流血牺牲

作品贯穿了桂、李家族在中国革命不同时期的感人故事。如，二姐夫的父亲赵奉天是原抗日义勇军李红光支队的侦察排长，曾在 19 世纪 30 年代与 12 位战友一起出色地完成了护送 8 名首长去苏联远东地区的任务；作者的大舅申文湜和姑父全太元与抗日联军李红光支队宋参谋联系紧密，积极参加抗日救亡运动；在抗美援朝战争中，作者的三姨父应征入伍，英勇作战，被敌人的炮弹打掉了下巴，被定为二等残疾军人；作者的姑父全太元在抗美援朝战争爆发之时，积极响应国家号召应征入伍成为担架队的翻译，挽救了众多伤病员的生命；婆家的姨夫李寅涉参加革命被日本人关进监狱两次；婆家二叔父李元兴参加过抗日义勇军李红光支队，后来当上了土改队长，在解放战争时期，他被抽调到开原公安局做侦查工作，出色地完成了捕捉特务的任务；婆婆的弟弟李成烈勇敢地参加了抗美援朝战争，最后牺牲在战场，换回了光荣烈士家属证书；婆家爷爷兄长的儿子李贞根也勇敢地报名成为一名志愿军战士，中韩建交后才得到消息，当年他被韩国兵俘虏，后在韩国生活；婆家三叔父李元彬 1956 年应征入伍，成为一名光荣的人民解放军战士，后来驻守在长春空军部队，1956~1957 年连续两次荣立三等功；婆家四叔父李元镐 1956 年于山西大同煤矿技工学院毕业后应征入伍，成为一名光荣的人民解放军战士；婆家大姑姐夫金在奎是大连的解放军军官，她家的二女婿当时也是在部队服役的军官。上述实例，反映了桂、李家族成员不畏艰辛、前赴后继、不惜流血牺牲投身抗日战争、解放战争、抗美援朝战争的感人事迹，可谓荡气回肠！

2. 与兄弟民族交融互助

朝鲜族移居中国以来，作为中华民族大家庭的成员，一直以兼收并蓄的积极态度吸取汉族、满族、蒙古族等兄弟民族的优秀文化，使彼此的习俗你中有我、我中有你，交融互鉴。如，桂氏家族在内蒙古乌兰浩特市葛根庙镇生活期间，租住蒙古族房东的房子，双方用不够流利的汉语进行交流，逐渐地他们之间只需要一个微笑就可知对方所要表达的意思。"要是我家做了辣白菜、打糕、米肠等，妈妈送给他们，他们特别喜欢吃。蒙古族邻居也经常给我家送来牛奶、羊奶和奶茶，他们的牛羊奶送来的时候都是温的。"后来桂家迁往通辽市内，作者的妈妈见到蒙古族就像见到亲人一般。桂家父母和哥哥都能熟练地运用朝鲜、汉、蒙古三种语言，母亲说起汉语和蒙古语更是出口成章，令人惊叹。再后来，桂家又搬迁到辽河岸边的以汉族居多，还有满族、锡伯族等各民族杂居融合共处的村庄，作者的母亲总是把捕捞的鱼分给左邻右舍，人家都夸奖朝鲜族能干、勤劳、捕鱼有方。

相对于在延边朝鲜族自治州聚居生活的朝鲜族而言，在辽宁、吉林省北部和内蒙古等散杂居地区，朝鲜族大多生活在以汉族为主的多民族杂居的"民族乡"或"民族村"里。多民族、多元文化的居住形态凸显出不同民族习俗和生活习惯的差异。不同民族之间能够和睦相处，在政治理念上强调的是国家观，是民族话语与国家话语之间的高度统一，文化观上则是力求保留本民族固有文化的同时，更多关注的是与其他民族的和谐共生。多民族杂居形态使得朝鲜族努力克服单一文化形态的排他性，积极融入主流社会，与其他民族共同走向多元共存、多元共生的世界。

二　身份认同的确立与中华民族共同体意识的再塑造

作者通过民族话语展现了中国朝鲜族身份认同的特征。民族认同是社会成员对自己民族归属的认知和感情依附，也就是"民族身份的确认"。民族意识是社会成员对自己民族归属和利益的感悟……民族认同在民族意识中居主导地位。朝鲜族的民族认同，是中国文化环境与朝鲜传统文化相融合而形成和确立的，是既区别于中国的主体民族，也明显区别于朝鲜或者韩国文化的新的民族共同体——中国朝鲜族的身份认同。总体上说，朝鲜族自从移居中国后，无论是在共同体的意识上，还是在国家观和民族观上，与中国共产党和共和国保持高度的一致，虽然这在某种程度上与政治上的原因有关，但朝鲜族真心认同中国共产党领导的共和国政权是其关键原因所在，这一点确信无疑，因为朝鲜族共同体的话语和中国共产党领导的国家话语的高度统一才是形成这种认同感的根本原因。在社会主义理念下，朝鲜族的民族观和国家观逐渐融为一体，认同自己是中华民族和中华人民共和国的一员，中国朝鲜族的共同体意识也顺理成章地在民族自治背景下逐渐形成。

朝鲜族的国家观和民族观的确立也经受过彷徨与痛苦。"移民性"是该作品的一个突出亮点。"研究朝鲜族移民史，除了其政治、经济因素外，还应该重视这个民族多年来养成的'以走为上策'的民族文化习性。"改革开放后，朝鲜族从高度集中的农村共同体走向以汉族为主体的大中城市，从国内移动到韩国和日本等周边国家，在语言、文化、生活习惯、婚姻家庭等方面承受着种种压力，在融入移住地主流社会时经历过痛苦的适应过程。作者的祖父、外祖父和全氏三家的人生就是在无数次的迁徙中完成的，他们的后辈至今还延续着这种习性，并且具有较强的环境适应和文化融合能力。

改革开放以后，随着中韩建交，桂、李家族的第三代为了追求更美好的生活选择去韩国打工赚钱。如，作者的二姐和二姐夫放弃了国内的稳定工作，远赴韩国用打工赚得的钱送他们的子女到日本留学；作者的二姑姐去韩国近20年，基本就是在饭店打工，长期超负荷劳动使她积劳成疾，患肺腺癌于2009年9月离开了人世；作者的小叔子李成光为了过上好日子，在韩国打工期间因误诊突然客死他乡；作者的另一个小叔子李成林把爱人送到韩国之后孤苦伶仃地度日，在春节期间因醉酒摔倒在墙壁和寝床的夹缝中丧生……可见，韩国对朝鲜族打工者来说只是一个能赚得比国内多得多的工钱的地方，中国才是自己赖以生存的故土。朝鲜族因出入韩国而获得的生命体验，使得朝鲜族作为中国人的国家观和中华民族共同体的家庭成员意识反而得到了强化和提升。

桂氏和李氏家族的第四代、第五代，包括李哲（作者的儿子）、李白（作者小叔子李成林的儿子）、申玉芹（作者二姑姐的女儿）、申站生和赵锐（作者二姑姐的儿子和儿媳）、桂冬梅（作者大哥的女儿）和桂明宇（作者大哥的儿子）等，在第三代李爱顺（作者的小姑子）留学日本荣获博士学位并成功就职的感召下，纷纷赴日本留学或工作，他们凭借自己较高的学历与多种语言优势，较快地适应了日本社会。全球化背景下，跨越地理、文化、政治边界的跨国流动日益成为一种常态。中韩日三种语言兼通，自由行走于中韩日之间，是在日朝鲜族流动和生存的文化资本和最大优势。通信技术的发展，使这种关系网络不受时空限制，形成横跨中日韩，纵横交错的社会网络。

面对在城市化和全球化过程中出现的新的"离散"或者"第二次移民"的情况，朝鲜族有时也会感到困惑甚至是危机。朝鲜族先民的重现世意识特别是"现世乐土"观念，已经积淀为朝鲜民族的集体无意识，往往对后世文化产生强烈的定式作用。朝鲜族既需要与主流文化相融合，又不愿意丢掉本民族的文化基因，在这种新的选择面前，朝鲜族积极进行对自己共同体身份的再塑造。总体上说，老一代的民族认同倾向于静态的、稳定的，他们大多留在中国当地与其他民族共生共存，以重视教育的优秀民族和尊老爱幼的礼仪民族形象而受到兄弟民族的尊敬和认可。而新一代的追求则更倾向于动态的认同，他们继承了祖先"移民性"的基因，在更宽广的国际舞台上尽情发挥他们的多元文化优势，他们通过克服和摆脱危机来确立自己的身份认同。如，作者二姑姐的女儿申玉芹，长期以来对自己的身份认同很模糊，因为她的祖父祖母来自朝鲜半岛，她生长在中国，后来到日本接受教育和生活。申玉芹在日本期间，经常有日本朋友问她中国朝鲜族和韩国人以及朝鲜人有什么区别，问她是中国人还是韩国人，或是朝鲜人时，申玉芹坚定地回答："我是中国人！"申玉芹很感谢她的祖辈从朝鲜半岛来到中国生活，也非常感谢父母把她送到日本留学，这种多元文化的接触，让她开阔了眼界，而不拘泥于某一种文化背景的想法，让她拥有了对异文化的包容力。"我想我的家族史，给我的财富就是让我经历了多元文化，告诉我们，我们都是大地之子！"

三　从固守朝鲜族传统文化的单一性
到民族文化的混容性

该作品是朝鲜族家族生活的真实写照，反映了朝鲜族独特的民族血统和悠久的文化传统随着时代的发展而发生的文化变迁。

（一）朝鲜族传统的家族文化

中朝两国同是以家族为社会组织基础的国家，两国的政治、经济、思想、道德都能追溯到家庭与家族，两国的传统文化都呈现出一些共同的表象，如家父长制、以孝道为家族伦理的核心、男尊女卑、重视亲情血缘关系、尊老爱幼等。移民的命运往往取决于移入国的家族结构。从家族结构来看，传统的中国属于大家族结构，尽管中国人崇拜祖先，重视长幼有序，强调家的纵式延续，但是家中同辈兄弟的地位是平等的，家庭成员间的横向联系既现实，也很重要；而传统的朝鲜民族属于直系家族结构，实行长子继承制，注重由祖先到子孙的纵向延续的特征，不仅夫妻间横向关系要服从纵向的亲子关系，即使同胞兄弟姐妹居于平等地位的成员，也变成具有主从之分的"纵式关系"。这种特征在朝鲜族进入中国社会后，自然也形成了一种以亲子关系为核心的相互依存关系的共同体。朝鲜族的整个社会结构就是按照家族的形式来组合的，晚辈必须服从长辈，晚辈之间也要依据进入该集团时间的长短形成兄弟关系。

与桂氏家族不同的是，李氏家族属于朝鲜平安北道泰川郡有地位的"两班"家族。所谓"两班"就是精神层面的清高而不入俗，有俗语言"两班即使冻死也不烧糟糠之火"，就是讲"两班"的气节。"两班"家族的社会地位，使李氏家族的奶奶从小受到严格的家庭教育，"三纲五常"、孔孟之道早已熟记于心。她经常嘱咐孩子们要做正直仁义、懂事明礼之人，不枉"两班"之家的美称。李氏家族重视礼仪和法度，等级秩序分明，遵守家族历史和传统，移居中国后也显示出"两班"家族百折不挠的奋斗精神和东山再起的抱负。李氏家族移居中国的原因很特殊，是为躲避报复举家渡过鸭绿江逃到中国东北的，他们在辽宁开原政府分配的"光明大院"里生活了近半个世纪。通过李氏家族的日常生活，可以看出朝鲜族的传统文化所在。

长幼有序。朝鲜族家庭是以直系家族为主体，以父子关系为轴心，家长处于家族中的中心地位，家长和家族间的从属关系由上至下、长幼有序。李氏家族奶奶要求家里人出门时必须打招呼，归家时一定要面见大人，早晚要向长辈问安。

长子特权。以血缘为纽带的朝鲜族家庭，长子作为儒家济世理想的承载者，对家族的兴衰负有重大责任。朝鲜族家族中长子为大，是带着"长"的特权降世的。作者的丈夫是李氏家族的长孙，奶奶的呵护使他养成了"唯我独尊，有主张、有见解的鲜明个性"。从中可以看出，家中的兄弟姊妹因出生次序不同，具有生而不平等的关系。

男尊女卑。奶奶的观念里男尊女卑的思想已牢牢扎根，侍奉一家之主的男人和长子已成为她的天职，她的劳动就是让丈夫和儿子们过上安稳的生活，而自己率女人们无休止地劳作。

餐桌礼仪。吃饭时不允许出声，更不能讲话。吃饭必须用勺匙，筷子不得在盘子中乱挑菜，要求取饭菜一次到位。女人大部分时间不能上桌吃饭，饭中要随时侍候老人和孩子，饭后必须给长辈们用双手恭敬地送上一碗锅巴水。

通过作品我们可以看到，每一个朝鲜族家庭都在很努力地守护着本民族传统文化。但随着时代的变迁，朝鲜族家族文化也在悄然地发生变化。如，传统的家庭养老方式、丧葬仪式发生了巨大的变化。更多的父母为了减轻孩子负担，把养老的责任由家庭、子女转换到社会机构，选择去养老院安度晚年；死亡仪式也由传统的土葬到火化，再到将骨灰撒入江河湖海中，免除子女背上"不孝"的污名，同时完成人生的最后一次漂泊回归故土的夙愿。

（二）从族内婚到族际通婚

朝鲜族族内婚的观念根深蒂固，婚姻对象的选择反映出人们区分"我族"与"外族"的真实边界。为了保持血统的纯粹性和宗族的单一性，直到改革开放前的很长时间，朝鲜族一直坚守族内婚姻，反对与外族通婚。过去子女的婚姻是由父母做主，"奶奶和爷爷的婚事是太爷爷与太姥爷在酒桌上说定的"。

　　在朝鲜族迁入中国后的漫长岁月里，民族间通婚的壁垒首先在散杂居地区被打破。居住在散杂居地区的朝鲜族，在与其他民族长时间生活接触与文化互动过程中，青年男女不断跨越传统思想的藩篱，克服不同文化交织过程中的种种纠葛，养育着族际通婚的子代。朝鲜族父母强烈反对子女与汉族或其他民族通婚，有的来自家族压力和世俗偏见，也有的是强化民族间文化差异的因素。作者夫妇不同意唯一的儿子选择汉族对象结为伴侣，是因为"朝鲜族有自身的文化和生活习性，喜欢干净整洁，饮食文化也不同于汉族"。作者的大姐桂永玉与挽救她生命的汉族医生举办婚礼时，只有妈妈领着几个年幼的女儿前去参加，爸爸和叔叔都没有参加，奶奶是从头至尾就不同意。

　　"对于习惯了四海为家的朝鲜族女儿来说，与谁生活与哪个民族的人生活，在哪里生活早已习惯了，因为这是一个逐渐融合的时代"。作品突出了散杂居地区朝鲜族文化的混融性特征，这也是与朝鲜族聚居地区文化相区别的一面。通婚子代的民族认同带有多重认同的特征，在不同民族间的交流与往来中会产生文化的碰撞。大部分通婚的后代都不会说少数民族语言，也不会写少数民族文字，更不懂少数民族的历史与文化，心里充满了对民族认同的困惑。在对族际通婚家庭的访谈中发现，通婚双方的民族文化的差异，会造成早期的文化冲突，后代的出现对双方文化的冲突可以起到缓和作用。虽然文化的混融性带来不少负面的影响，但其积极影响远大于负面影响。通婚后代更有条件学习不同民族的语言及风俗习惯，这对于各民族优秀文化的发扬和传承起着十分重要的作用，而且在不同民族文化的熏陶下，通婚后代可以更好地促进不同民族文化的相互交融，能够更好地体现出文化整合的一体化，也能更好地发挥多元文化的优势。

四　尊师重教的优良传统塑造了民族团结典范

朝鲜族历来重视子女教育。早期家庭教育主要是通过潜移默化、言传身教、寓教于乐等方式，朝鲜族家庭至今还保持着节日、祭祖等集团性的家族活动以及具有浓厚民族风味的文体娱乐活动，这一切无不折射出这个民族的凝聚力和向心力。在朝鲜族的家庭文化认知中，有着强烈的"家族主义"倾向和高度的"团结和谐"认知，这也是朝鲜族能成为民族团结模范的家族文化基础。集体主义精神正是家族主义社会结构在意识形态领域的反映。

（一）朝鲜族的家庭教育

1. 礼仪教育

尊老爱幼、礼貌待人，这是朝鲜族代代相传的美德。如，早晚要向长辈问安，出门时必须打招呼，归家时一定要面见大人；大人讲话小孩一律不准插嘴，更不允许顶撞，大人吩咐做的事只能服从不能提出质疑。

2. "孝"道教育

朝鲜族历来把"孝"看作处理家庭关系、促进家庭和睦与稳定的基础，把父慈子孝、赡养父母看作家庭关系中最基本的道德要求，鄙视那些不孝不敬的行为。对待"孝道"的尊崇不分阶级和阶层，体现出朝鲜族人民强烈的"孝"文化与家族意识。在礼仪习俗上，也体现了对老人的尊重，如吃饭时，最为年长的人要单独先行饮食，以示其优越的地位。在朝鲜族看来，孝顺不需要大道理，孝道就是"服从"。家庭教育中，孩子眼中的家长是极具权威的，这种权威性是家长教育和影响孩子的一个重要前提。

3. 以"价值观"为核心的人格教育

朝鲜族家庭注重以伦理道德为主要准则的品行教育，以言传身教为主要形式的启智和审美教育。桂、李家族的前辈勇敢开拓，面对困苦时的乐观态度，融入新环境时的适应性，在不断吸收多种文化养分的同时对原有文化的苦苦坚守，对子女教育的重视，培育了家族男性勇敢顽强、敢于流血牺牲、忠诚报国的精神和女性勤劳贤惠、尊老爱幼、外柔内刚的品质。

朝鲜族先民以积极进取的"尚武"精神，开创了民族文化的家园，又以干练明慧的"重智"意识，有效地维护了民族及其文化的存续。民族原初意识中既含有骑马民族的刚健因素，也具有农耕文化的智力因素。这两者形成一股文化合力，表现为"现世乐生"而又不走极端的民族精神。它是一种高扬生命意识的精神，也是一种积极乐天、自强不息的精神。它成为朝鲜民族文化发展的内在源泉，使朝鲜民族及其文化显现出生生不已的活力。朝鲜族又都是天生的歌者，高兴时、悲伤时、劳动时、休息时、热了、冷了、起风时、结婚时……他们唱着阿里郎，通过歌谣和打令来一抒胸臆，或美妙欢快千回百转，或悠扬悲壮如歌如泣，或豪迈激越荡气回肠。桂氏和李氏家族的成员，就是在这样优秀的民族文化熏陶下和良好的家庭教育环境中，有的成为大学教师，有的成为中小学校的校长，有的成为公务员，有的成为科学家，有的留学海外，有的在国外就职……无论何时何地，无论哪个领域，他们都在积极努力地工作、乐观地生活、积极地参与社会活动。作者本人荣获过全国民族团结进步模范个人的称号，得到国务院表彰，并登上天安门观礼台参加了国庆五十周年观礼。这些成就的取得都与个体成长的家庭环境是分不开的。朝鲜族家庭教育有自身的侧重点和优势，也正因如此，这些传统的教育观念和教育内容一直影响至今，促进了民族教育的不断发展和进步。

（二）朝鲜族的学校教育

桂、李两家父母都认为再穷也要供孩子读书，对女孩子读书也持同样态度，家中生活虽然困难但他们坚决要送女儿进学堂，他们认为只有读书孩子们才会有出路。他们坚守着民族语言认同，只要有条件就坚持把子女送进朝鲜族学校。作者的大哥桂永华在通辽市朝鲜族中学读书期间，于1965年考入了内蒙古工学院机械系，是当时全村唯一的大学生。在大哥的启蒙和引导下，作者也考入了聚集众多朝鲜族精英的延边大学，后来成为大连市朝鲜族学校的校长。

作者所在的大连市朝鲜族学校是朝鲜族教育的一面旗帜，学校始建于1946年4月10日，最初属于民办性质，1991年转为公办。作者初来这所学校时，全校只有43名学生，所教班级只有4名学生。无论是在建校初期还是在现今，能够使大连市的朝鲜族学龄儿童在有民族语言环境的学校中学习和快乐生活，得益于我党的民族教育政策，否则很难想象这么一所学校能够发展延续到今天。改革开放给学校发展带来了生机，随着朝鲜族人口的大量涌入，学校得到大连市委、市政府的高度重视和大力支持，先后成立了初中部和高中部。在作者担任校长期间，朝鲜族学校业已发展成为集幼儿园、小学部、初中部、高中部为一体的 14 个班型，500 名在校生规模的学校。作者任朝鲜族学校校长期间始终伴随着两个使命：一是学校的生存与发展；二是提高学生的素质。她做到了，也因此赢得了大连朝鲜族社会的尊重，作为大连市少数民族代表，在大连市百年城雕上留下了足迹。朝鲜族学校的发展同时也受到了大连市朝鲜族爱心基金会、大连市朝鲜族企业家协会、大连鲜星国际物流有限公司、世界韩人贸易协会大连支会等社会团体的资助，体现了朝鲜族重视民族教育、办学热情高涨、有较强的向心力和凝聚力的优良传统。

五　结论

一个民族的发展离不开每一个家庭、每个成员的责任和义务，民族的振兴需要一代代人前赴后继的努力。朝鲜族成员的个人利益、家族利益、族群利益和中华民族共同体利益总体上是一致的。桂氏家族和李氏家族早期也多是生活在大散居小聚居的村落共同体，他们创办民族学校，用民族语言和文字教育子孙后代，使本民族传统的生活方式和风俗习惯得以完整传承下来。

综观古今中外的文明史，朝鲜民族有着强烈的爱国主义精神和爱好和平、百折不挠的高尚品格。拥有这种民族气节的朝鲜族，在来到东北的最初日子里，受到日本帝国主义、清朝政府、土豪劣绅的百般欺凌，但仍用自己勤劳的双手开拓出了这片土地，并与兄弟民族共同缔造了中华人民共和国，赢得了兄弟民族的接纳和尊重。朝鲜族拥有的民族团结、勤劳勇敢、开拓进取、自强不息的精神与中华民族精神完全是重合的，朝鲜族在中国大地一百多年的发展历史也证明了这一点。他们的历史、他们的经验、他们的胸怀和他们的意识等，都将成为中华民族共同体乃至人类命运共同体的宝贵财富。在新时代，在走向城市民族的今天，每一个朝鲜族家庭都是守护和传承朝鲜族文化的根基。扎根中国大地的朝鲜族应切实铸牢中华民族共同体意识，继承先烈的革命文化，发展社会主义先进文化，继续发挥多语言多文化优势，推动中华优秀传统文化创造性转化、创新性发展，为中华民族的繁荣复兴，为维护和促进东亚各国之间的友好关系和东亚区域的和平发展做出贡献。

文化自觉、文化自信与人口较少民族的文化创新

——关于裕固族东迁节及其文化的解读

贺卫光[*]

自新中国成立以来，国家对人口较少民族的扶持政策是包含在对所有少数民族的扶持政策之中的，是一贯的、持续的。在费孝通先生的倡议下，2000年，国家民委组织相关机构和专家共同组成了"中国人口较少民族经济和社会发展研究课题组"，对22个人口较少民族开展了实地调查。此后的研究就有了一个全新的概念框架，对人口较少民族的研究上升到了新的高度，有了整体意识。

一 扶持人口较少民族

进入21世纪，国家加大了扶持人口较少民族的力度，实施了

* 贺卫光，西北民族大学民族学与社会学学院教授。

加快人口较少民族经济社会全面发展的专门政策。2001 年初召开的国家民委工作会议决定加快 22 个人口较少民族的发展。2001 年 8 月，国务院办公厅对国家民委上报的《关于建议把 22 个人口较少民族发展问题列入国家"十五"计划的意见》做出复函批示，《关于扶持人口较少民族发展问题的复函》的批示，标志着正式将人口较少民族发展问题提上中央的议事日程。

2016 年 12 月，国务院公布了《"十三五"促进民族地区和人口较少民族发展规划》。"十三五"时期，把加快少数民族和民族地区发展摆到更加突出的战略位置，对于补齐少数民族和民族地区发展短板，保障少数民族合法权益，提升各族人民福祉，增进民族团结进步，促进各民族交往交流交融，维护社会和谐稳定，确保国家长治久安，实现全面建成小康社会和中华民族伟大复兴"中国梦"，具有重要意义。

二 重视政府与地方的互动

回顾党和国家关于扶持人口较少民族的政策实施过程，取得的成就是巨大的。十多年来，人口较少民族地区发生了翻天覆地的变化。与此同时，我们也应该看到国家主导下的扶持人口较少民族政策在贯彻落实中存在的一些问题。

从 2005 年以来三个相关"规划"的主要任务内容来看，国务院及其相关部委是规划的顶层设计者，人口较少民族发布地区的各级政府是规划的实际执行者。规划制定过程中人口较少民族的参与较少，扶持政策采取自上而下、各级政府全权负责落实的运行机制，各级政府的主体角色在各类扶持项目落实过程中不断凸显。而人口较少民族权利主体的缺失，表现为民意渠道不畅、发言权少、被动接受扶持。扶持政策强调的是整村推进、整族帮扶，扶持项目投入巨大，项目受益者有时成为"旁观者"，自我发展能力没有得到发展。

美国人类学家詹姆斯·C.斯科特在《国家的视角：那些试图改善人类状况的项目是如何失败的》一书中指出，20世纪改变人类状况的大型项目为什么出现如此多的错误？斯科特分析了一些国家规划中的各种失败。他认为，这些失败教育我们，要想取得成功，中央管理的社会规划必须了解地方习惯和实践知识。

"繁荣发展民族文化"是扶持政策的一个重要内容，此政策的落实贯彻，取得了显著的实际效果。一个民族文化的繁荣，来自政府的扶持是必要的，但是，文化建设毕竟不同于基础设施建设、生活条件改善等工程。

文化是相对于经济、政治而言的人类全部精神活动及其产品，文化是人类创新活动永恒拓展的载体、创新水平提升的工具、传播的手段，因此，早在2009年，国务院以国发〔2009〕29号印发《关于进一步繁荣发展少数民族文化事业的若干意见》。该意见是新中国成立以来国务院关于少数民族文化工作的第一份文件："文化是民族的重要特征，是民族生命力、凝聚力和创造力的重要源泉。少数民族文化是中华文化的重要组成部分，是中华民族的共有精神财富。在长期的历史发展过程中，我国各民族创造了各具特色、丰富多彩的民族文化。各民族文化相互影响、相互交融，增强了中华文化的生命力和创造力，不断丰富和发展着中华文化的内涵，提高了中华民族的文化认同感和向心力。各民族都为中华文化的发展进步做出了自己的贡献。"

习近平总书记强调："我们要坚持道路自信、理论自信、制度自信，最根本的还有一个文化自信。""文化自信，是更基础、更广泛、更深厚的自信。"从中华优秀传统文化中汲取历史智慧和政治智慧，运用中华优秀传统文化说明问题、解疑释惑、阐述理念、推动发展，使人们从中得到启发和启迪，是习近平治国理政的一个突出特点。

文化自信是主体对自身文化的认同、肯定和坚守。文化自觉是文化自信的前提，文化自信是建立在文化自觉的基础上的。没有深刻的文化自觉，就不可能有坚定的文化自信。中国人民的文化自信是在文化自觉的过程中逐渐建立起来的，是对中华文化的高度认同和充分肯定。

"文化自觉"是费孝通先生于1997年在北京大学社会学人类学研究所开办的第二届社会文化人类学高级研讨班上首次提出，目的是应对全球一体化的发展趋势而提出的解决人与人关系的方法。所谓"文化自觉"，根据费孝通先生的观点：它指生活在一定文化历史圈子的人对其文化有自知之明，并对其发展历程和未来有充分的认识。换言之，是文化的自我觉醒、自我反省、自我创建。费先生曾说："文化自觉是一个艰巨的过程，只有在认识自己的文化，理解并接触到多种文化的基础上，才有条件在这个正在形成的多元文化的世界里确立自己的位置，然后经过自主的适应，和其他文化一起，取长补短，共同建立一个有共同认可的基本秩序和一套多种文化都能和平共处、各抒所长、连手发展的共处原则。"费先生还以他在 80 岁生日所说的一句话"各美其美，美人之美，美美与共，天下大同"作为"文化自觉"历程的概括。[①]

党的十九大报告指出，要深入挖掘中华优秀传统文化蕴含的思想观念、人文精神、道德规范，结合时代要求继承创新，让中华文化展现出永久魅力和时代风采。这一论断，为中国特色社会主义在发展进程中，广泛弘扬中华优秀传统文化，"推动中华优秀传统文化创造性转化、创新性发展"，指明了方向。

人口较少民族文化面临着严峻的危机和挑战。如一些依靠口头传承的文化遗产，已经濒临绝境甚至失传，人亡歌息、人去艺绝的现象十分突出，民族文化正常的延续与发展受到强大冲击，人口较少民族传统文化的现状令人担忧。

尊重人口较少民族的主体地位，要提高文化自觉，增强文化自信。文化自觉是少数民族传统文化保护发展的前提。人口较少民族的传统文化需要国家和政府层面的扶持与保护。这种扶持与保护对人口较少民族而言，绝非被动的文化保护，而是应具备一种文化自觉的常态。首先，在文化调适中寻求发展。随着现代社会的发展和主流文化的冲击，我国人口较少民族不仅面临着社会转型的挑战，而且也面临着文化转型的挑战。由于孕育和滋养传统文化的大环境发生了根本性的变化，千百年来的传统文化跌入低谷，人口较少民族承受着巨大的心理上和精神上的压力。

对人口较少民族而言，家庭环境与民族共同体的文化自觉对其下一代民族认同的塑造与传统文化传承显得尤为关键。必须依

---

① 张荣华、费宗惠：《费孝通论文化与文化自觉》，内蒙古人民出版社，2009。

靠家庭教育和民族群体自发的教育活动，例如家庭的文化熏陶与行为约束机制以及群体的民族节日、民族习俗、民族宗教活动等，潜移默化地影响青少年一代。当然，这种自发的原生态教育活动就得靠民族自身的文化自觉和使命感。

充分发挥跨界民族优势。我国人口较少民族多数为跨界民族，与境外同一族源的民族比邻而居。他们不仅在语言、习俗、信仰、历史记忆等方面具有共性，而且拥有同根同族的民族认同心理。地域相连性及族缘、文化上的相近性，也决定了国际社会对这些民族发展的关注，对人口较少民族文化的保护直接关系国际文化交流和发展。人口较少民族应充分发挥政策优势与跨界民族优势，大力推动与境外、国外的经贸合作与科技文化交流，增强民族文化的认同感，进一步提升民族文化的生命力。

三　从文化自觉到文化创新——关于裕固族东迁节的文化解读

中国作为一个统一的多民族国家，有着丰富的少数民族节日文化遗产，它们已成为中国传统节日乃至中国传统文化的重要组成部分。中国 55 个少数民族，绝大部分民族都有自己独特的节日，且大部分民族都拥有多个节日。

中国各民族有着大杂居、小聚居的分布特点，民族节日在促进各族人民相互沟通、彼此尊重、共同团结的过程中发挥了重要作用，呈现出共享特性。这些共享节日，一方面是历史上各民族社会发展和文化交流的结果；另一方面，它们又是各民族相互间文化交流的平台、文化认同的载体和交往互动的动力，进一步促进了各民族的社会发展和文化交流。

因此，弘扬和传承少数民族节日对于中华民族以及国家文化建设具有深远意义。目前，中国少数民族节日文化建设已有了很大进展，并取得了显著的成绩。但少数民族节日的衰弱、消失、变异现象仍然较为显著，国家节日文化建设有待在观念校正、立场转换、制度设计、政策调整和具体政策实施等方面进一步完善。

节日在当代还被赋予了新的生命。霍布斯鲍姆在《传统的文明》中指出："那些表面看来或者声称是古老的'传统'其起源时间往往是相当晚的，而且有时被发明出来，发明传统是一种话语重建的过程，是为了相当新近的目的而用旧材料来建构一种新形式的被发明的传统。"① 这里提炼出来的思想就是一种"新传统"的概念，在传统文化上输入新的思想以此来拓展它的影响力以及增强它的生命力，由此来看这对传统文化起到了有效的保护作用。

（一）《裕固族东迁节的来历》故事的搜集整理

20多年来，在裕固族地区的田野实践中，笔者搜集到了一些散落在民间的零零碎碎的有关裕固族东迁、裕固族民间节日等方面的传说资料。2017年3月，笔者在梳理历史资料、口述文献的基础上，围绕"东迁""节日"等主题，整理出了《裕固族东迁节的来历》这一文本，并上传到相关微信群，在明花等裕固族地区广泛传播，同时，也发给北京有关专家征求意见。文本内容得到

---

① 〔英〕霍布斯鲍姆：《传统的发明》，译林出版社，2004。

了比较广泛的认同。文本中需要进一步解释的内容主要有如下几点。

1. 裕固族民间某些地区存在的相关活动是否有"节日"性质

在《裕固族东迁节的来历》文本中提到的"叶恩格温特"或"雅孜格温特"活动，意为"春天或夏天的出行、出游"，类似今天的野餐活动。主要内容就是一个部落的人或周围若干户人家约定个时间，到附近水草好的地方，带上食物美酒，进行野餐，时间大概在农历五月初。20多年前，据老人们当时的回忆，在这个活动上，一定要带上"扫尔德"（羊的网胃填装碎肉炒面等制作的特色食品），还要专门点上一堆火，把切成片的"扫尔德"往火里扔几片烧掉。笔者问过烧"扫尔德"的原因，老人只是说祭奠先人，并没有提及东迁。节日是指生活中值得纪念的重要日子，是世界人民为适应生产和生活的需要而共同创造的一种民俗文化，是世界民俗文化的重要组成部分。虽然上述活动并没有固定的日期，但大体上在每年的春夏之际。同时，毫无疑问，这个活动是部分裕固族地区人们生活中的民俗现象。因此，东迁节具有节日的基本属性。

2. 关于焚烧"扫尔德"的含义

2017年3月，在一次兰州裕固人聚会喝酒聊天时，笔者谈起了裕固族东迁，其中一人无意中说到了一个重要信息：东迁的时候，老人们留下了话——如果能够活下来，就向着西至哈至方向烧个"扫尔德"，他们就知道了。这个传说内容意味着烧"扫尔德"是为了祭奠留在西至哈至的老人。听到这个传说，笔者即刻想起了 20 多年前的那次民俗调查中烧"扫尔德"的环节。由此，我们似乎可以推论：20 世纪 50 年代以前，在裕固族部分地区于春夏之际在野外的"出游"活动，实际上是祭奠东迁时在西至哈至牺牲的老人的一种仪式活动。只不过由于年代久远，人们可能忘记了此活动与东迁有关，只记得是祭奠裕固族的祖先。20 多年前，笔者在当地调查民俗现象时，并没有调查清楚上述"出游"活动中祭奠的是民族的祖先还是家族的祖先，但是，从一个村落几户邻居相约出游的情况来看，似乎应该是在祭奠民族的祖先。

3. 为什么要以"扫尔德"作为祭品？

高启安教授于 20 世纪 80 年代在肃南县原杨哥搜集的《东迁的传说》中的大体情节：裕固族以前有文字，东迁时将经书驮在羊背上，过河时被河水冲走了，从此便丢失了文字。当部落长下令杀掉全体老人后转移时，人们把用羊血、羊油拌好的炒面装入羊的肥肠内，硬让老人们吃，因而噎死了他们。只有安家人没有这样做。后来因为这位老人的智慧，找到了水，拯救了全部落。为了纪念老人的功劳，部落长下令杀死了他，将他的肉分给众人，缝在香包子（东部裕固语"xugkukə rl 洪哭开勒"）内，让人们戴在胸前，永世纪念，并让安家人世代做头目。这个传说文本清楚地告诉我们：东迁时留下的老人们的死亡方式——吃了类似"扫尔德"的食品而噎死了。东迁时留下的老人们吃的最后的食物可能就是"扫尔德"。因此，活下来的人要焚烧"扫尔德"祭奠他们。

2017 年 4 月，笔者在兰州就东迁节与"扫尔德"的关系问题咨询安子俊先生时，他说他忽然明白了 70 年代的一件事情：在一次家庭聚会上，一个很有名的裕固族老人怎么都不肯吃"扫尔德"。那位老人说：老人不能吃"扫尔德"是一个讲究。至于其中的原因，老人也不知道。这个故事告诉我们：裕固族老人—"扫尔德"—死亡，这三者之间是有内在联系的。

4. 关于裕固语"叶恩格温特""雅孜格温特"

裕固语"叶恩格""雅孜格"即"春天的""夏天的"。关于"温特"一词，在笔者 20 多年前的调查中，讲述人将其翻译为"出行""出游"。但是，通过近几年的思索，并结合这个类似节日活动中专门焚烧"扫尔德"的现象，笔者认为"温特"一词也可以译作"送出""拿出"等含义。由此，这个仪式活动的内涵似乎就是：给民族的祖先送祭品即"扫尔德"。也就是说，在裕固族民间部分地区，存在着一个春夏之际人们相约去野外送祭品、祭奠民族祖先的仪式活动。

(二) 东迁节上的"玛尼杆""汗丁格尔""驼毛绳子"

1. 关于"玛尼杆"

2017 年 5 月，笔者前往考察东迁节举办地点，在西海子边的沙丘上与当地牧民商讨如何举行祭祖仪式时，有牧民提出：不论是在历史上还是在今天，裕固人家都有在自家坟园的西侧竖立玛尼杆（民间也称"乔其格"，似为藏语，在安多藏语中，悬挂经幡的杆子称为"达乔克"）的习俗，用来祭奠一个家族的祖先。东迁节是一个民族的成员祭奠为民族利益而牺牲的特殊先民的节日。

因此，按照祭奠祖先的习惯，应该竖立玛尼杆作为特殊场所标志，以祭奠民族祖先。于是我们当即决定在海子西侧沙丘上竖立"玛尼杆"。当天下午就有牧民砍倒自家的一棵杨树，捐献出来作为玛尼杆。后来有人建议应该用松木杆，于是山区牧民捐献了一根 15 米高的松木杆。随着东迁节的举办，越来越多的人们习惯地将其称为"玛尼杆"。

2. "玛尼杆"更名为"汗丁格尔"

第一次东迁节后，包括当地寺院僧人在内的很多人都认为"玛尼杆"这个名称不合适，应该有个裕固语的名称。笔者多方征求建议，均无合适名称，直到 2018 年底，笔者想到了裕固族历史上萨满教信仰中的"汗丁格尔"。在裕固族萨满教祭祀"汗丁格尔"仪式中，神杆就是天神汗丁格尔的载体或象征物。神杆用手指粗的柳枝制成，杆上缠着羊毛和各色布条，杆面刻着几道条纹。祭祀时，神杆被插在用草皮制成的神杆座位上。所用神杆的多寡，需按各家主事人的社会地位而定，多则 13 根，少则 3 根，均为单数。由此可知，在萨满教祭祀仪式中，神杆代表了最高的天神"汗丁格尔"，故此，可以把仪式中的神杆称作"汗丁格尔"。从 2018 年的东迁节开始，"玛尼杆"更名为"汗丁格尔"（天神杆）。

3. 驼毛绳子围场、毛绳、毛神、汗丁格尔

2017 年东迁节前，在玛尼杆竖立起来以后，有牧民建议在玛尼杆周围应该有围栏，仿照一些地方鄂博周围的铁丝围栏。但是，又有老者提出不同意见，认为不能用铁丝网，应该用驼毛绳子围栏。他们认为，在裕固族文化中，驼毛绳子具有灵性，因此能够对玛尼杆起到保护作用。于是，当即指定专人加工制作了 50 米长的驼毛绳子。

在明花乡裕固族民间文化中，驼毛绳子确实具有神性，主要表现在如下几个方面：（1）民间可以用驼毛绳子算卦；（2）民间裕固族与周边汉族结干亲时，就是用驼毛绳子做成的吉祥结，套在孩子脖子上，表示双方结成了"亲戚"；（3）民间可以用驼毛绳子为牲畜治病，方法是将绳子拴出一系列活扣，然后双手拿着绳子两端，从牲畜头部往后拉，若活扣全部解开，则意味着病会痊愈。

在其他裕固族牧区，用一段毛绳，上面拴一些各色布条、牲畜毛穗，下面系上装有五谷杂粮的小口袋，挂在帐篷内适当的位置，这就是"毛神"，也就是"汗丁格尔"。

（三）东迁节的意义

第一，祭奠民族先祖——举办东迁节是为了祭奠为民族做出牺牲的裕固族先民。500 多年前，在民族危难关头，裕固族的老人们，为了民族的未来，送别了亲人，勇敢地抵挡敌人，做出了巨大的牺牲，永远地留在了西至哈至。需要说明的是，在民族危难之际为挽救民族而舍弃老人的"弃老"现象，在许多民族的历史上都存在，有一定的普遍性，并非裕固族特有。

第二，弘扬敬老文化——举办东迁节是为了弘扬裕固族敬重老人的美德。西至哈至老人们的牺牲，在史诗般的东迁中，靠老人们的智慧，历经千辛万苦，来到了河西走廊、祁连山这个美丽的家园。举办东迁节，就是要勉励一代代裕固人敬老爱老，把传统文化中的尊老美德发扬光大，世代相传。这种优秀品德，是全体裕固族人的宝贵精神财富，每一代人都要百般珍惜、精心守护这笔财富，以此告慰那些为民族而牺牲的西至哈至的老人们。

第三，庆祝民族新生——东迁节的举办，就是为了庆祝民族获得了新生。裕固人完成了关系到民族命运的东迁，东迁胜利，使民族获得了新生，过上了美好的生活，祝愿裕固族繁荣昌盛。因此，可以说，没有历史上的东迁，就不会有今天的裕固族。

第四，增进民族团结——在裕固族有关东迁的传说、民歌中，十分明确地说"来到了'套凯勒'的地方，我们没有挨饿"，在西部裕固语"套凯"即"短腰子鞋"，"套凯勒"指穿短腰子鞋的人居住的地方，意为汉族人居住的地方。这说明在裕固族先民东迁途中的危难之际，汉族人民提供了食物。另外，史料记载，明朝政府对东迁入关的裕固族先民进行了多次安置。如嘉靖七年王琼[1]主持安置的情况："土巴、帖木哥部夷五千四百人于白城山；哈密都督吉孛剌部于肃州东关；赤斤都督掌卜达儿子锁南束于肃州北山金塔寺，罕东都指挥枝丹（板丹）于甘州南山。"[2] 将裕固族先民安置在甘州南山、肃州南山等已经有其他民族生活的地区，使得裕固族先民在东迁以后就生活在了多民族地区。因此，正是多民族的相互包容、和谐共生，才有了今天绚丽多彩的裕固族文化。在此意义上，东迁节也是一个弘扬各民族团结精神的盛会。

总之，一首歌——《裕固人来自西至哈至》，唱出了一个民族

---

[1]　嘉靖七年（1528）王琼被复起为兵部尚书兼右都御史，提督陕西三边军务。镇守三边期间，王琼屡败吐鲁番，收复哈密，重创套敌内犯，使宁夏、山西、陕西诸边得以安全。

[2]　《殊域周咨录》卷13，第462页。

的雄壮历史，回答了"我是谁"的问题；一条路——裕固族东迁之路，是一条迎着太阳，向着东方的中华文化的认同之路，回答了"从哪里来"的问题；一个节日——是一个民族敬老的节日，更是铸牢中华民族共同体意识的民族团结的盛会，回答了"到哪里去"的问题，即各民族共同繁荣的辉煌的未来。

小康社会背景下阿勒泰哈萨克民族游牧文化变迁研究

达那尔·毛肯[*]

摘　要："文化是民族的血脉，是人民的精神家园。"对于文化建设，习近平总书记提出关于文化力量的叙述，认为综合竞争力的文化软实力是经济发展、政治文明、社会和谐必要的组成成分。全面建成小康社会，开创中国特色社会主义事业新局面的奋斗目标。全面建成惠及十几亿人口的更高水平的小康社会，必须大力发展先进文化，即面向现代化、面向世界、面向未来的民族的、科学的、大众的社会主义文化，不断丰富人们的精神世界；增强人们全面建成小康社会的精神力量。文化建设作为中国社会主义"五位一体"建设总体布局的重要组成部分，十分值得我们加以关注和思考。在全面建成小康社会背景下，研究阿勒泰哈萨克族的游牧文化变迁具有时代意义。

---

* 达那尔·毛肯，西北民族大学民族学与社会学学院研究生。

关键词： 阿勒泰　哈萨克族　游牧文化变迁

一　引言

在全面建成小康社会的当代中国，发展先进文化，必须立足于改革开放和现代化建设的实践，着眼于世界文化发展的前沿，坚持用科学的态度对待民族传统文化和外来文化，既继承发扬民族优秀文化传统又充分体现时代精神，既立足本国又大胆吸收世界一切优秀文化成果。要反对民族虚无主义和全盘西化，在内容和形式上积极创新，不断增强中国特色社会主义文化的吸引力和感召力。文化是民族亲和力和凝聚力的重要源泉。我国是一个多民族的国家，现阶段我国文化的发展呈现多元化趋势，各种文化形式纷繁复杂，不同民族文化观念相互交织，相互影响。但从总体上说，中国特色社会主义文化已成为当代中国文化的主体，引领和整合协调着其他各种文化。

二　阿勒泰概况

（一）阿勒泰人文地理

阿勒泰地区位于新疆维吾尔自治区最北部，西北与哈萨克斯坦、俄罗斯相连，东北与蒙古国接壤。东北部是阿尔泰山，西南部是古尔班通古特沙漠，中部是额尔齐斯河、乌伦古河冲积平原。全区总面积 117078 平方千米。总人口 60 万（2012 年），有哈萨克、汉、回、维吾尔、蒙古等 36 个民族，其中哈萨克族约占总人口一半。现辖 1 个县级市、6 个县：阿勒泰市、布尔津县、哈巴河县、吉木乃县、福海县、富蕴县、青河县。"阿勒泰"来源于阿尔泰山。阿尔泰山，史书称之为"金微山""金山"。阿尔泰在哈萨克语中有"金子"的蕴意，因此山蕴藏出产丰富的黄金。汉族人口 232563 人，占总人口的 38.55%，各少数民族人口 370720 人，占总人口的 61.45%，其中哈萨克族人口 328153 人，占总人口的 54.39%。

（二）阿勒泰现阶段建成小康社会情况简介

阿勒泰多民族的情况特点决定了在阿勒泰全面建成小康社会，必须大力继承和弘扬各民族优秀文化传统，努力发展具有中国社会主义文化特色的阿勒泰民族文化。把各族人民紧紧团结在源于中华数千年文明、植根于当代改革开放伟大实践的中国特色社会主义文化的旗帜下，以此激励各族人民全面建成小康社会、开创中国特色社会主义事业新局面的豪情，为实现中华民族的伟大复兴而奋斗。在阿勒泰全面建成小康社会，发展民族文化必须以党中央指出的巩固脱贫攻坚和乡村振兴为中心，必须立足于阿勒泰，乃至全国改革开放和现代化建设的伟大实践，着眼于社会文化发展的前沿，充分认识阿勒泰民族文化中的精华与糟粕，发扬民族文化的优秀传统。阿勒泰各民族在长期的历史发展过程中，创造了自己源远流长、独具特色的民族文化传统。阿勒泰民族文化传统在千百年的历史积淀中既有精华又有糟粕。因此，我们在全面建成小康社会、发展中国特色社会主义文化的过程中，必须坚持以马列主义、毛泽东思想、邓小平理论为指导，坚持民族性和现代性相统一的原则，不断审视阿勒泰民族文化传统，改革和扬弃传统文化中的陈规陋俗，保留和弘扬传统文化中的合理内核，并赋予传统文化现代化意义，使之纳入中国特色社会主义文化建设的范畴。发展阿勒泰民族文化，必须克服把现代化与传统对立起来的思想观念，尊重民族文化传统在现实生活中的反映和价值，确定其现代意义。民族文化传统一方面具有稳定性，另一方面它又因随社会变迁而变化具有变异性，具有对已有文化的选择和对外来文化选择的双重性。阿勒泰民族文化传统也是如此，在不断选择和融合中赋予其现代意义，实现更新与发展，成为具有中国特色社会主义文化内核的不断发展着的新的阿勒泰民族文化。

在当代中国发展先进文化，"就是发展面向现代化、面向世界、面向未来的、民族的、科学的、大众的社会主义文化"的要求来审视阿勒泰民族文化传统，我们就会发现其民族传统既有与现代化相矛盾的一面，又有与现代化相协调适应的一面。

自强不息的民族精神传统。阿勒泰少数民族在反抗历代封建统治者剥削压迫及与恶劣的自然环境作斗争中铸就了坚韧不拔、坚强不屈的精神。这种自强不息的奋斗精神对阿勒泰民族文化进步起到了重要作用。这种精神也是我们今天建设社会主义精神文明的重要内容，是我们全面建成小康社会所倡导的中华民族伟大民族精神。

吃苦耐劳、团结互助的精神传统。阿勒泰少数民族一般都居住在生存环境较为恶劣的地方。为了抵御自然灾害、反抗外来压迫，在长期的历史发展过程中，阿勒泰各少数民族养成了吃苦耐劳、团结互助的精神传统。但这种价值观是建立在小农经济基础上的产物。在客观上压抑了个性的发展，扼杀了民族内部竞争机制，容易产生仅仅是为了吃饱肚子的生活上的自我满足感。阿勒泰少数民族存在重道义、轻功利的民族文化传统。这种传统一方面对于克服市场经济中出现的见利忘义、唯利是图的道德倾向有积极的作用；另一方面，如果把道义与功利畸形对立，也就可能抑制社会主义市场经济所提倡的竞争意识和效益意识的滋生，不利于社会主义市场经济的发展。

阿勒泰也是"丝绸之路经济带"北通道的重要组成部分，位于国家 5A 级景区"人间净土喀纳斯"和哈萨克斯坦玛尔卡库里湖的中间位置，随着哈萨克斯坦的阿黑吐别克口岸和对俄罗斯的吉克普林口岸的开放，哈巴河将成为新疆向西旅游开放的桥头堡和重要通道。

三　小康社会进程中阿勒泰哈萨克族民族游牧文化变迁

（一）哈萨克族传统游牧民族文化

1. 转场

阿勒泰有着全国最好的天然草地，哈萨克族便是这里的游牧民族。哈萨克族是最早创造游牧文化的游牧民族之一，被称为马背上的民族，是逐水草而生活的。哈萨克族有四季转场的习惯，转场也是游牧民族生活的标志文化。根据草场的草类、面积、气候、地理环境将其分为春、夏、秋、冬牧场。3 月是春牧场开始的时候，天气转暖，刚好是羊群产羊的时间段，哈萨克族人一边放牧一边整理羊群，给羊群剪羊毛，防治病虫害，为转夏牧场做准备。5 月是阿勒泰夏牧场开始的时候，这时候的草场绿草如茵，风景也很美。在夏牧场这一阶段，牲畜会长得很快，奶制品也随之比较丰富。在这个季节里也会有很多传统的娱乐活动。9 月是秋牧场开始的时候，和夏牧场是在同一个地方，只是时间不同，经过夏牧场的休整，秋牧场的草早已茂盛了。秋季是牲畜配种的季节，哈萨克族人就会把养肥的牲畜拿去卖钱，增加收入。11 月是更新冬牧场开始的时候，这时的哈萨克族为了躲避阿勒泰冬季的严寒将牲畜转入冬牧场。冬牧场一般会在比较暖和且降雪量比较小的地方，适合居住，不用担心毡房会被冬季的大雪埋上。那里的草木会裸露在地面上，加上秋季收集的草，哈萨克族人在冬季就不必为牲畜的饲料担心了。

2. 服饰

哈萨克族男子服饰一般是内穿套头式的高领衬衣，衣领上会有很多刺绣和彩色的图案，套西式的背心，外穿布面或者毛皮大衣，腰上系着腰带，下穿便于骑马的大裆皮裤，鞋子大多是皮革制成的，头上戴的帽子分为冬春帽和夏秋帽。冬春帽子是羊皮或者狐狸皮制成的，顶上会有四个棱，可以抵御严寒，夏秋帽子是用羊毛制成的，翻边用黑平绒制作，防雨又防暑。

哈萨克族女子服饰多姿多彩，比较喜爱用白红绿蓝等颜色的绸缎、花布、毛纺织品作为连衣裙的材料，袖子上会有绣花，下摆有多层荷叶边的连衣裙。夏季套穿坎肩或者短上衣，冬季外罩棉衣。外出时穿棉大衣。帽子用一种绒布制作成硬壳圆顶，顶上会挂有猫头鹰的羽毛，象征着坚定和勇敢。

3. 交通工具

阿勒泰哈萨克族最主要的交通工具是骆驼和马，骆驼具有省水省食的能力，负重载重能力强，是夏天转场的交通工具，唯一不足的就是骆驼的行动速度较慢。马拥有健壮的体格，性情温顺，行动速度较快，耐热耐寒，但是载重量没有骆驼大。在阿勒泰草原上放牧的牧民一般会用马作为最主要的交通工具，这也是哈萨克族比较常用的交通工具。

4. 建筑

阿勒泰哈萨克族在春夏秋居住的是可以拆卸和携带的圆形毡房，房子被称作"宇"。冬季在冬牧场又称"冬窝子"，是修建的平顶房。毡房一般就地取材，用草原上的红柳做成圆棚和顶，再用芨芨草在外围编成墙篱，然后再包上毛毡。顶部有天窗，可以用毛毡盖住，随时保持通风。通常毡房有 3 米高，面积二三十平方米。毡房内的布置有一定的规矩，分成住宿和放物品两大部分。房正中对着天窗安设火塘或铁炉，毡房前半部铺有地毯。毡房是哈萨克族活动的重要场所。进门按逆时针方向，首先是厨房，是制作各种食品的场所；然后是主人的卧室；铺着大地毯之处，可以接待客人或进行礼拜；最后是儿子、儿媳的铺位。毡房的功用是多方面的，除了居住待客外，也是从事生产和娱乐的场所，是接羔的"产房"、孩子的课堂、婚礼的殿堂，也是哈萨克族唱歌、跳舞的俱乐部。

5. 饮食

最普遍的是吃手抓羊肉，其做法是把连骨羊肉切成大块，连同羊头、肚、心、肝、肺等一起放进铁锅加水同煮。水沸后，撇去浮沫，加入适量的盐，再用文火炖熟后将肉切成小块，用手抓着吃，各人根据自己的口味随时增加盐。烤肉主要在招待客人和外出狩猎时食用。客人光临后，哈萨克人就宰杀肥羊，取出其内脏，用火烤全羊。猎手们在野外打猎，常把猎肉放在火堆上烤熟后食用；牧民们在野外放牧，砍几根木棍，上端削尖，串上切成薄片的野生动物肉，放在火上烤熟吃，别有一番风味。熏肉是为了长时期保存而制作的一种肉制品。"熏"作为一种烹调方法，是指将已经熟制处理的肉类主料，再用烟熏制，使主料色泽加重、油亮，并带有烟的特有芳香，便于携带和贮存。熏肉时，需要放一些盐，有的还放野葱。加放野葱熏干的肉，味道更为鲜美。每到深秋季节，羊肥马壮，牧民们都要宰杀羊马牛，把大部分肉熏制后存放到冬季食用。还有用马肉灌成的腊肠，能够存放很长一段时期。除了吃肉以外，牧民们也吃米、面调制的食物，如烤饼、抓饭、"包尔沙克"（羊油炸面团）、"库卡代"（羊肉面片）等。他们很少吃蔬菜，偶尔吃些沙葱或者野菜。阿勒泰的哈萨克族很少吃抓饭，会经常在草场或者高山上挖野菜吃。

（二）建成小康社会影响下阿勒泰哈萨克民族文化的变迁

1. 转场变迁

阿勒泰定居工程的实施，是历史发展的必然结果。从新中国成立之初到改革开放，再到现如今全面建成小康社会，阿勒泰哈萨克族的人口正在不断增多，人地矛盾日益突出。与此同时，牲畜也在大量繁殖，出现了"超载放牧"的现象。这给阿勒泰脆弱又美丽的自然环境造成很大的破坏，导致草畜矛盾日益激化。天然草场面积在不断缩小，面临退化、沙化和盐碱化等问题，牧区的生态环境和牧区的经济发展出现了失调。为了保护牧区的生态环境，同时使得牧区经济健康发展，政府组织新疆哈萨克族牧民有规律地前往定居点定居。阿勒泰哈萨克族从游牧到定居，经历了很长的时间。现如今，在全面建成小康社会的进程中，牧民们的生活也有了保障。大家都去学习技术、开设养殖场，在国家和党的照顾领导下，生活有了很大的变化，哈萨克族转场中经历的苦难也不用再去经受了。有了固定的居住地以后，有些哈萨克族转向农耕，在居住地前后种地，也靠卖农作物粮食蔬菜为生。家中也会有少许的牲畜作为自家食用的肉类。在小康社会的影响下，阿勒泰哈萨克族的经济生产方式正在发生转变。

2. 服饰变迁

大多数牧民不再过游牧生活，服饰便于游牧的功能削弱了；冬天房屋里有暖气，因此牧民不用穿着皮袄、皮裤过冬，他们的服饰渐渐与现代时尚结合。然而年长的哈萨克族对现代时尚接受速度较慢，在服饰上多保留了传统风格。哈萨克族青年较容易接受现代穿衣时尚，他们对服饰的审美观念发生了变化，在穿着方面更注重时髦。如：青年男子脱去了长长的外衣，换上了轻便又保暖的夹克，脱掉了厚重的毡鞋换上现代的皮鞋。国家全面建成小康社会对西部的开发与强国方针的逐步实施，使得以前以游牧为生的哈萨克族如今走出了阿尔泰山、走出了阿勒泰的大草原，积极来到城市发展、接受现代的教育，穿着上自然也都是现代时尚潮流服饰。阿勒泰的哈萨克族会在国庆或者其他节日里穿传统的民族服饰。

3. 交通工具变迁

随着城市化进程的加快和小康社会的建成，城镇居民出行已经使用现代交通工具，搬迁也是使用私家车或者租借车。牧民们的交通方式也产生了很大变化。牧民们纷纷拥有了汽车，每家都拥有了摩托车。现在放牧大多用的是摩托车，既省油又便捷灵活。冬季阿勒泰降雪量十分大，有些地方连车都无法到达，这时就会使用传统的马作为交通工具，实现了现代与传统相结合。

4. 建筑变迁

新疆哈萨克族牧民由草原搬到定居点之后，牧民收起传统的毡房，住进了现代的砖瓦房。定居点的砖瓦房位置固定，不便于随意搬动。相比之前的毡房，砖瓦房采用的是现代建筑工艺，屋里的地面用水泥抹平或铺了瓷砖，以增强房屋的防潮防蛀效果。牧民在房子里安装了有线电视，丰富了他们的日常娱乐生活。房子里安装的自来水和供暖设施，解决了牧民饮水不便的困难和冬季供暖的问题。这些变化都方便了牧民的日常生活。

5. 饮食变迁

哈萨克族饮食文化发生了巨大的变化，从单纯的肉乳饮食结构发展成为肉、乳、面食和蔬菜搭配的饮食结构。在小康社会的建设过程中，阿勒泰哈萨克族在定居的房前屋后种上蔬菜，有辣椒、茄子、西红柿等。冬季一些牧民还建起了蔬菜大棚。牧民们高兴地说："现在我们一年四季都有蔬菜吃了。不够的时候还可以到集市上购买，比以前方便多了。"哈萨克族不仅会做自己传统的饮食，还学会了其他民族的饮食，比如维吾尔族的拉条子、汤饭。现在哈萨克族的餐桌上除了那仁、包吾尔萨克、馕以外，还有米饭、炒菜、点心、饼干等食品。近年来，由于水果、蔬菜、蛋和其他副食在哈萨克族饮食中所占的比例明显增加，品种逐渐增多，肉食所占的比例相对减少。这改变了哈萨克族人单一的饮食结构，使得哈萨克族的副食结构和营养摄取比例逐渐趋向优化，适应了饮食结构科学化的发展趋势。肉食结构由牛羊肉的单一结构转向以牛羊肉为主的多元肉食结构。过去哈萨克族的肉类消费除了牛羊肉外，其他肉类极少。如今哈萨克族人们食用的肉食品种增加，开始食用鸡肉、鱼等。很显然，在全面建成小康社会背景下，阿勒泰哈萨克族的饮食实现了从传统到现代、从单一的饮食结构到多元饮食结构的转变。

改革开放以来，阿勒泰地区的文化事业取得了一定的发展，但由于现实原因，文化产业还未形成规模。尤其是在"少、边、穷"县城，文化服务体系尚不健全。对少数民族文化产品的重视程度不够，远不能满足少数民族群众的实际需求。

哈萨克族从事游牧生活的时间在中国各民族中较长，已经有两千多年的历史。哈萨克族过去是游牧的生产生活方式，受市场经济的影响是在我国改革开放以后。哈萨克族传统文化在发展过程中经历了现代与传统的转变过程。

文化的发展必须借助公共文化服务体系，通过完善公共服务体系才能满足农牧民日益增长的需求。要立足当前、放眼长远，加快推进阿勒泰地区公共文化服务体系建设，推进文化惠民重点工作。必须完善少数民族地区公共文化服务传播网络，加大宣传力度。努力建设少数民族文化服务活动平台，公共文化服务资源向基层、向偏远牧区倾斜，高度重视地区文化事业的发展。

阿勒泰地区民俗文化产业的发展，必须借助市场经济条件下的服务载体，满足各族群众多元形式的文化需求。要充分借助良好的自然资源，深厚的民族文化底蕴及历史文化资源。要突出特色，打造精品文化品牌。哈萨克族文化的现代化转型是历史的要求，建设繁荣、富裕、和谐稳定的阿勒泰，要高度重视地区文化事业的发展，充分挖掘地区历史文化资源，将优秀的民族文化作为鼓舞群众投入建设家乡的热潮中来的动力，为地区经济跨越式发展和长治久安提供精神动力。

四　结语

在全面建成小康社会的背景下，根据新阶段新疆区情和各族干部群众的思想实际，鲜明地提出了"以现代文化为引领"的战略选择，把现代文化置于引领全局的重要位置。阿勒泰地区现在正处在大建设、大开放、大发展的重要历史节点，我们要抓好机会机遇，加快转型，推进阿勒泰地区社会经济又好又快地发展。

一是坚持"扬弃"，自觉实践民族地区哈萨克族传统文化的转型。二是坚定理想信念、树立共同价值观。只有共同的理想信念才能把地区各民族凝聚在一起，共同建设和谐社会。三是要包容并蓄。以现代文化为引领，实现少数民族传统文化创新，推动地区民族文化又好又快地发展。

让民族文化产业与小康社会同频共振，有利于建设各民族心手相牵、守望相助、和谐共生的美丽家园。对于发端于游牧社会的民族民间文化而言，如何在社会转型新的历史时期，更好地融入社会、融入生活、融入时代发展潮流，使之更好地传承和发展，一直是民族文化在当代语境中的一个难题和困惑。大力发展民族文化产业，并使之成为小康社会强有力的抓手，不仅为各民族困难群众找到一条科学的可持续发展之路，而且还可以在产业发展的进程中，为各族群众找寻到文化的归属感、民族的自豪感、地域的热忱感，并在发展中摆脱贫困、走向致富、奔向小康，各民族同舟共济、守望相助的和谐家园建设定能成为现实。

参考文献

美楠·吐尔逊别克：《阿勒泰地区哈萨克文化发展与传承问题》，《科技界》2016 年第 16 期。

沙拉古丽·达吾来提拜：《哈萨克族牧民定居与饮食文化的变迁》，《中国穆斯林》2009 年第 4 期。

伊敏、王力：《民族文化变迁研究综述》，《贵州民族研究》2018 年第 11 期。

张茵：《浅析新疆哈萨克族的传统文化变迁的内容及特点》，《青年文学家》2017 年第 29 期。

廖建：《小康社会的全面建设与贵州民族文化的发展》，《贵州民族研究》2003 年第 4 期。

郭江梅：《以现代文化引领阿勒泰地区跨越式发展和长治久安》，《兵团党校学报》2012 年第 6 期。

安娜：《浅述哈萨克族游牧文化》，《青年时代》2017 年第 22 期。

从江侗族文化的传承及发展研究

——以从江县丙妹镇为例

梁　飘[*]

摘　要：侗族文化是侗族人生活和发展的基础，是侗族人对自身民族文化学习、传承以及发展的基石，是侗族人社会生活的载体。在改革开放的现代社会，侗族人逐渐适应现代社会的文化并融合自身的民族文化，发展更适应现代社会的侗族文化及传承方式。侗族人在新时代社会中发展和学习自身的民族文化，传承和发展侗族人的民族文化。

关键词：侗族文化　传承　发展

一　前言

从江的侗族大多分布在县境东部和北部的平坝地区及都柳江两岸，一部分村寨分布在山间溪谷中，聚居在丙妹、贯洞、洛香、

---

* 梁飘，就职于贵州民族大学民族学与社会学学院。

往洞、谷坪等乡镇。侗族自称 Gaeml（干）或 Geml（更），全称 nyenc gaeml 或 nyenc geml，意为侗人或侗族。

文化传承是指文化在民族共同体内的社会成员中作接力棒似的纵向交接的过程。① 民族文化对民族的发展和传播意义重大，是民族文化传播的载体和继承民族文化的主体，能够体现一个民族的民族精神、崇拜、生活习惯等。在我国这个拥有 56 个民族的国家中，每个民族的文化都是珍贵的，需要传承和发展。在新时代的民族地区，民族文化需要不断地去发掘、保存和传播。

我国是一个统一的多民族国家，改革开放 40 年来，东部地区与西部地区的社会发展差距大，少数民族地区经济发展缓慢，但民族文化资源丰富、民族地区生态完善，民族文化旅游带动了民族地区经济增长。少数民族地区打造生态旅游、民族文化旅游，使得民族地区的人民能够获得收益，增强少数民族对民族文化传承发展的重视。

二　从江县丙妹镇侗族的民族文化

（一）鬼神崇拜与祖先崇拜

从江县丙妹镇侗族的民族文化朴素而简单，侗族信仰鬼神崇拜和祖先崇拜。鬼神崇拜是因为侗族人认为人是有灵魂的，而人去世后灵魂要去往阴间，需要请巫师（也称鬼师）为亡者引路。侗族人认为人去世后将成为善或恶的"灵魂"，正常寿终正寝的老

---

① 黄淑萍:《文化自觉：少数民族文化传承的内在动力》，《中国民族报》2012 年 11 月 7 日。

人会成为善的"灵魂"，保护家中子孙后代。而非正常去世的人则会成为恶的"灵魂"，需要请鬼师作法以使其安息。年纪较小的孩童夭折则是无法拥有自己的安息地（即坟墓），须安葬于祖先的坟墓边，无法立碑。侗族人的鬼神崇拜体现于生活中，如果家中小儿半夜啼哭不止，父母会请鬼师为小儿作"法事"，或是小儿"看见"祖先或其他灵魂，或是小儿"丢魂"，都需要鬼师作为中间人去安抚灵魂或是为小儿召魂，安抚其灵魂。父母为家中小儿向鬼师请求保佑，鬼师会给予其一个系有三角包的项绳，戴于小儿项间保佑其健康成长。在科技发达的现代社会，同样存在科学家还未能解释或者发现的许多现象。而国家教育与社会教育使侗族人获得科学知识，也信任科学技术。在侗族人的生活中，他们既使用草药，同样也使用现代的医药，信任现代医疗科技。侗族人对鬼神崇拜，因为药理知识是巫师传给下一代，代代相传的，人们对巫师也极为尊崇，巫师在仪式中形成侗族民族文化一对多的传承。①

祖先崇拜是侗族人在祈求祖先保佑家族的兴旺和繁荣的过程中产生的。侗族人在堂屋（即客厅）正中间的墙壁张贴上祖先神榜，在其下方设有神龛，神龛下面再放有香案，香案中间放香炉，两边放置祭祀蜡烛，桌下放置火盆。侗族人在节日或者重要的日子里要做一顿丰盛的饭菜，在吃饭前要先祭给祖先吃。首先在案桌上摆放食物，蒸熟的鸡鸭肉摆在中间，两边摆上素菜，在案桌前放置三杯酒水，酒前放一碗米饭，横放一双筷子，是为菜有荤

---

① 索晓霞：《贵州少数民族文化传承方式初探》，《贵州社会科学》1998 年第 2 期。

有素，饭前先请祖先吃饱。其次是做供奉仪式，由家中辈分最大的老人先给祖先点三炷香和三根蜡烛，之后拿着肉菜与素菜、酒水与饭依次在香炉上转三圈，一边转圈一边念念有词，皆为祈求祖先保佑家庭延续顺利、子孙后代能够平安健康的话语。在把饭绕着香炉转完三圈后，老人从碗里拿一点米饭吃掉，拿酒水喝一口，再倒在地上是为祭祀祖先。在老人做完仪式之后，由家中青年、儿童依次向祖先祭拜。如今侗族人祭拜祖先既有敬畏心理，同时也有缅怀的意义。

（二）侗族人的衣食住行

侗族人的文化体现在人们日常生活的衣食住行之中，广泛的文化意为侗族人整个民族共同拥有并且认可的生活习惯，在侗族人的认知里是极为普遍存在的。侗族人的生活装饰，其制作样式同样存在于古老的制作手法当中，在生活中处处体现出来。在现代社会里，侗族人的生活同样出现了文化变迁，侗族人积极地适应社会发展、学习社会知识，在社会中找到侗族人自己的民族文化与现代社会文化的平衡点。现如今侗族人的生活已经融入了现代社会。

侗衣是侗族自己的民族服饰特征，过去侗族人自己产布、织布和染布，直至最后制作成衣，都能够自给自足。这种文化的认知和传承展现出了侗族人民的行动力与创造力，以及过去老一辈人形成的、能够一直流传下来的技术。随着社会的不断进步，更多的现代化的机器生产，过去需要人们手工生产布料和制作成衣的工序都在被机器所替代。人们不再拘泥于自给自足的制衣方式，制作侗布不再是自己织布而是购买用机器生产的布匹。这有利有弊，侗族人不需要使用织布机，以节省时间。同时，这个弊端是织布机也将慢慢失去它的功效。这表现为侗族的制衣文化正在发生改变，侗族人接纳吸收了现代化的便捷的工艺，使得侗族人享受到民族服饰的魅力。侗族民族服饰中的花纹图案、刺绣方法和服饰颜色更加丰富，也传承了侗族人与自然融合的文化。

侗族人民在依山傍水的地方建造村寨，侗族生活的环境使得人们对于食物的存储也发展出有效的方法，如通过种植稻谷获得稻米并将其制成人们喜爱吃的糯米和米酒，吃油茶、红肉、牛瘪、腌菜、腌鱼，等等。侗族人爱喝酒，酒在侗族文化中极为重要，以酒为礼、以酒待客。糯米的蒸煮有其自制的蒸笼，腌菜、腌鱼和熏肉的方式是为了能够在冬天吃到不变质的食材。糯米和腌制食物都是方便携带和易于保存的，是为侗族人在山上劳作时能够饱腹而且方便存储。在现代社会，交通的便利使得各种食材出现在侗族人的生活中，即便是冬天也有丰富的食材可以购买。在这样的情况下，侗族人制作糯米和腌制类食物的作用发生了改变，制作糯米和腌制类食物不只是为了方便和易于保存，食用糯米和米酒成为侗族人节日的必备菜肴，使得糯米和米酒从实用性意义变成侗族人的一种风俗习惯，成为所有侗族人都认同并执行和传承下来的一种文化特征。

侗族人使用树木来建筑房屋，这种房屋有着一字形的木制楼梯。当地的家家户户都为两层木制房屋，过去人们在一楼饲养牲畜，将二楼作为生活区域。如今，水泥墙更加坚固和安全，更多的侗族人在建造房屋时，将侗族的传统木屋和砖瓦房的建筑方式相结合，把房屋建成混合型的砖木结构。这样的房屋仍然为两层，一楼为水泥砖结构，二楼仍旧是木制结构，生活区域改为在一楼，这些是社会发展带来的结果。侗族人乐于接受和尝试新的事物来改善或增强自身的文化，从而更加融入现代社会的生活。侗族鼓楼是侗族村寨极为重要的场所，鼓楼是侗族文化的载体。侗族鼓楼在以前是为村民订立规约、娱乐、调解纠纷和防御之用。在现代社会，鼓楼的功能正在发生变化，已失去了防御的作用。侗族鼓楼的文化作用发生变迁，鼓楼是侗族人传承侗族的生活技术、村民规约以及议事功能的文化载体。侗族民族文化的传承既从侗款制度的明确规定中发展，又从乡规民约中浸润到侗族人的生活中，涵盖了侗族人的道德观念、禁忌、礼仪等人们自觉遵守的文化。①

侗族人过去的交通工具是牛车。小河修桥，大河乘船。人们对于牛和船十分爱护。侗族人善于游泳。现在，随着公路和桥的修通，侗族人的交通更加便利。侗族人接纳社会发展，使用现代技术努力改善生活，利用现代社会的科技使得生活更加便捷美好，与社会发展相融合。交通的便利使得更多人能够来到侗族村寨，体验到侗族人的民族文化，侗族人同样学习到更多的知识。侗族人掌握的生活技术以及生活文化通过便利的交通而发展，使得侗族民族文化能够更好地与社会发展相适应。

（三）侗族的语言与歌

在新中国成立前，侗族有语言但无文字。新中国成立后，政

---

① 索晓霞：《贵州少数民族文化传承运行机制探析》，《贵州民族研究》2000 年第 3 期。

府重视少数民族语言与文字的发展，通过侗文方案使得侗族人民拥有了自己的文字。侗族的民族文化发展过程形成的特征使之能够区别于其他的民族。但由于侗族没有自己的文字，文字的缺失使得了解侗族的文化发展需要通过口口相传的记载方式，以及其他的对侗族地区的记载文献。[①] 在侗族人拥有自己的文字后，能够更多地记载关于侗族文化的文献资料，这种文化的记录发展方式给侗族人的民族文化传承带来有力的支持，为侗族人留下宝贵的文化资料提供了更为长久的方式。

侗族的语言最为特殊的一种表现形式是侗歌。唱侗歌是当地人们最喜爱的一种娱乐方式，侗歌里有人们辛勤劳作获得丰收的喜悦，有青年男女青涩爱恋的互诉衷肠。侗歌也是传承侗族古老神话传说、英雄史诗和民间故事的载体，一代传一代，丰富了侗族人的生活。侗歌是由歌师传授给侗族人，使侗族人了解自己民族文化的。其中，侗族大歌最为特别，由多人合唱，无伴奏、无指挥，散发出独特的魅力。随着现代社会旅游业的快速发展，越来越多的人来到侗族村寨欣赏侗族大歌。为适应社会经济的发展，当地创造了更多表演性质的歌曲。青年男女因此获得了更多的工作机会，也使得青年人更加注重本民族文化的传承与发展，能够更好地保护和传播民族文化，促进侗族民族文化的传承。

三　从江县丙妹镇侗族民族文化的传承及发展

从江县丙妹镇的侗族民族文化在新时代的发展产生了一些改

---

① 田收：《民族文化生态变迁中的侗族文献内涵界定》，《怀化学院学报》2017 年第 1 期。

变，适应现代社会的发展，传承侗族人的民族文化。科学技术的发展，以及对文化知识的学习都让侗族人民认知到了科学。在过去，侗族文化的鬼神崇拜与祖先崇拜都是求神保佑，如今已转变为对祖先的崇敬与缅怀。侗族民族文化的衣食住行也在发生改变，侗族人积极地接受现代科技所带来的便捷生活，继而影响自己的生活习惯。在这种潜移默化之下，侗族民族文化的功能在不断发展，侗族人也更注重自己的民族文化的传承与发展。侗族民族文字与语言让侗族民族文化能够更多更完整地保存下去，绽放出新光彩。

在侗族的民族文化与现代社会的融合发展过程中，侗族不断适应现代社会发展，发展自身的民族文化，跟上社会发展的步伐，将本民族文化更好地传承下去。侗族民族文化的传播途径有很多，比如通过旅游业的快速发展，侗族人在传承自身民族文化的同时也让更多的人认识到侗族的民族文化，宣传侗族的民族文化；通过旅游业还能够使侗族本民族的青年人更多地继承发展侗族的文化，传播侗族的民族文化。侗族鼓楼的防御、娱乐、议事等作用也转化为旅游观光等作用，这是适应了现代社会的发展而产生的改变。其意义在于作为侗族文化传播的载体，从过去的防御等作用来看，鼓楼体现了侗族人对安宁生活的向往。侗族的民族文化通过旅游观光、民俗节日以及歌舞表演，为人们介绍宣传侗族的文化。侗族人以自身的文化为骄傲，这也为侗族的民族文化的传承与发展夯实了基础。侗族人吃的糯米和腌制类食物成为节日习俗，这些食材是因为过去生活受生产资料所限制而形成的。现代社会的发展使得侗族人能够获得的生活资料更加丰富，但是文化的观念与饮食习惯使得侗族人在接受其他食物的同时，仍然热爱传统的侗族食物。

侗族民族文化的传承与发展不仅需要自身的内部力量，同样需要外部的支持，这包括政府、民间组织以及社会的帮助与支持。侗族人自身处于侗族文化的环境中，对于民俗习惯及本民族的知识能够向他们的父母学习，而更多的民族文化如歌唱、蜡染、刺绣、制侗衣等具有技术性质的知识，则需要他们认真研究学习才能有所收获。社会在发展进步，更多的侗族青年需要外出学习、工作和生活。民族文化的传承与发展，也需要外部力量的帮助。政府大力支持侗族发展民族文化旅游、举办民俗节日活动、支持民族文化文献记录，以及培养民族文化的传承者，特别是培养非物质文化遗产的传承者。政府保护侗族民族地区生态环境这个长久的绿色资源、支持侗族民族村寨的建设发展，带动侗族旅游经济效益的增长。发展少数民族文化旅游业，传统民族村寨的保护是基础。[①] 侗族民族文化能够获得良好发展，吸引更多的侗族青年学习侗族民族文化以及工艺技术的知识。文化不能只在书中，侗族民族文化在未来能够体现在侗族人的生活中，呈现自然的常态才是最好的传承与发展。

四 结语

在侗族民族文化传承与发展的过程中，侗族民族文化得以保

---

① 郑有贵、武力、段娟：《少数民族文化传承发展与内生式发展机制的构建——基于黔东南苗族侗族自治州的调研》，《贵州社会科学》2016 年第 1 期。

存其精华、适应社会的变化，使自身文化能够更好地发展和保存。侗族民族文化不会永恒静止地存在，需在一代代侗族人的传承与发展中延续。文化一直在发展，在发展过程中能取其精华去其糟粕，文化的传承与发展才能更长久。文化在社会中起到的作用越重要，其社会意义越有价值。

侗族的民族文化体现出侗族人的生活精神：于依山傍水之处建设村寨，建设以鼓楼为中心的呈放射状住宅，与大自然相融合，呈现出侗族人与自然的相互依存，以及对自然的敬畏之心。侗族的歌中不乏对生活的歌颂、对祖先的敬仰，以及对情人的依恋。侗族人以歌传情、以酒会友。侗族人好客，若有客来家，必然招待好酒好菜。侗族在新时代社会的发展进程中，传统文化与现代文化的发展互相融合。侗族人与自然和睦相处、对生活的热爱、获得民族自身的内部力量与外部力量的支持，这些因素在侗族人延续民族文化的过程中，都为侗族人传承与发展民族文化提供了动力。侗族的民族文化丰富多彩，文化内涵、传承的方式及发展的方法都需要更多的认识才能对其全面了解。本文仅是对侗族民族文化研究的一个粗浅探索，不足之处尚有许多。

参考文献

贵州民族事务委员会：《侗族文化大观》，贵州人民出版社，2016。

黄淑萍：《文化自觉：少数民族文化传承的内在动力》，《中国民族报》2012 年 11 月 7 日。

索晓霞：《贵州少数民族文化传承方式初探》，《贵州社会科学》1998 年第 2 期。

索晓霞:《贵州少数民族文化传承运行机制探析》,《贵州民族研究》2000 年第 3 期。

田收:《民族文化生态变迁中的侗族文献内涵界定》,《怀化学院学报》2017 年第 1 期。

郑有贵、武力、段娟:《少数民族文化传承发展与内生式发展机制的构建——基于黔东南苗族侗族自治州的调研》,《贵州社会科学》2016 年第 1 期。

文化人类学视野中的民族文化
传承与保护研究

——以西江苗寨为研究个案

李宁阳*

摘　要：民族文化的传承保护与开发利用仍然是新时代我国社会建设的艰巨任务，我们不仅要反思过去文化保护传承与开发利用所出现的一系列问题，更要解决问题，寻找可持续性的民族文化传承保护路径或方向。本文拟从文化人类学视角，以西江千户苗寨为研究个案，围绕民族文化传承保护中存在的问题进行探讨与分析，并阐述笔者对民族文化传承与保护的几点思考。

关键词：民族文化　保护与传承　文化人类学　西江苗寨

文化既是一个民族或族群最基本特性的外在表征，也是一个民族或族群最根本的内在精神与灵魂所在，对一个民族或族群的

*　李宁阳，就职于贵州民族大学民族学与社会学学院。

认知往往是以文化作为媒介纽带，一旦文化缺失，民族也不复存在，二者是相互依存的。有学者将二者关系比作鱼与水的关系①，笔者认为此比喻十分恰当。文化总是在社会发展过程中面临各类问题与挑战，或是忽视文化传承与保护，或是用力过度，这些都会造成对文化的破坏。无论是在学界还是在政界，文化的传承与保护一直是一项重要的议题。在学界，文化人类学一直致力于文化的研究，尤其关注处于"中心"之外的"边缘"面临濒危的土著文化、聚落文化、民族文化以及族群文化等，以深入细致的田野调查作为学科知识生产和文化实践的重要途径与方法。通过获取大量的田野资料、撰写丰富的民族志文本，将文化作为文本的形式保存下来，在民族志的基础上构建起具有实践性的理论框架，为文化的传承保护以及开发利用提供雄厚的理论基础。在政策上，我国一直致力于民族文化的传承保护与开发利用工程。文化的传承保护一直是我国社会建设的一项重要任务，从"中华民族的伟大复兴"到新时代的"乡村振兴战略"都一直在强调文化之于国家与社会建设发展的重要意义。尤其是十九大乡村振兴战略明确指出，要"构建乡风文明，传承发展提升农村优秀文化，加强农村公共文化建设，加强农村思想道德建设"。所以文化的传承保护与开发利用仍然是新时代社会建设的艰巨任务，它不仅要反思过去文化保护传承与开发过程中所出现的一系列问题，更要解决问题。本文拟从文化人类学视角，以西江千户苗寨为研究个案，围绕民族文化的传承保护中存在的问题进行探讨与分析，并阐述笔

---

① 覃德清：《人保护文化？亦或文化拯救民族——文化保护基本理论的人类学阐释》，《广西民族研究》2008 年第 2 期。

者对民族文化的传承与保护的几点思考。

一 理论思考：文化的传承保护与开发利用 辩证关系的分析

文化是人类学最为重要的研究对象，人类学学者长期在非西方的土著社会、边缘社会、少数民族社会文化空间中搜集田野资料，进行自己的文化生产与文化实践，形成了各自对于文化的认知与理解，梳理了具有人类学特色的文化观，并为文化的传承、保护、研究做出不同程度的贡献，构建起了宏观的文化理论，为文化的传承保护与开发利用奠定理论基础。

（一）文化人类学视野中的"文化"与"文化观"

提及文化的传承保护和开发利用，首先要明确何谓"文化"。"文化"是一个相当复杂的概念，并没有准确的定义，正如马林诺夫斯基所言："文化，言之固易，要正确地加以定义及完备地加以叙述，则并不是容易的事。"[①] 学界关于"文化"的界定概念就多达百种以上。仅在文化人类学中，"文化"的定义之多就不计其数。文化人类学中首先为"文化"下经典定义的当属英国"人类学之父"爱德华·泰勒，在他看来："文化，或文明，就其广泛的民族学意义来说，是包括全部的知识、信仰、艺术、道德、法律、风俗以及作为社会成员的人所掌握和接受的任何其他的才能和习

---

① 〔英〕马林诺夫斯基：《文化论》，中国民间文艺出版社，1987，第2页。

惯的复合体。"① 泰勒的"文化"定义，尤其是为社会文化人类学者所公认为最经典的文化定义，对于之后学者的文化研究影响深远，当然，泰勒的文化定义虽然也存在不足之处，但仍不失为人类学界公认的经典文化概念。在泰勒经典文化定义的基础上，大多数人类学者普遍认为："文化是一个特定社会中代代相传的一种共享的生活方式，这种方式包括技术、价值、观念、信仰以及规范。"② 怀特将上述的文化表征归结为符号，在他看来，文化是一套系统的象征符号体系。③ 从上述学者对于文化的界定来看，大多呈现出的是精神文化与制度文化等非物质文化形态，而忽略了物质文化形态。相对而言，马林诺夫斯基的文化定义既涉及非物质文化，也包括物质文化，他说："文化是指那一群传统的器物，货品，技术，思想，习惯及价值而言的，这概念实包容着及调节着一切社会科学。"④ 我国民族学家吴文藻先生对人类学范畴的文化的各种界定进行了归纳总结，他认为文化简单地说"是一个民族生活各方面的结果……是一个应付环境——物质的、概念的、社会的和精神的环境——的总成绩"。由此看来，文化是人类社会生活实践中的结果，既来源于生活又指导生活。自此开始，作为物质、制度、精神三元结构的文化概念得以普及和被广泛认可。无论是怎样的文化概念界定，文化都表现出明显的整体性与复合性特征。文化是由其结构系统中的诸如非物质的和物质的文化元素所构成

---

① 〔英〕爱德华·泰勒：《原始文化》，广西师范大学出版社，2005，第 1 页。
② 庄孔韶：《人类学通论》，山西教育出版社，2004，第 21 页。
③ 〔美〕L. A. 怀特：《文化科学》，浙江人民出版社，1988。
④ 〔英〕马林诺夫斯基：《文化论》，中国民间文艺出版社，1987，第 2 页。

的有机统一整体，它们相互联结、相互影响。任何文化特质或文化丛离开整体文化的结构系统，都不是完整的文化，其本质意涵会随着时空转换而逐渐消失。树立整体的和联系的文化传承保护观点，看似容易，实践起来却并非一件易事。

文化是人类社会结构与民族或族群个性差异性的重要表征，每一个民族都有其特定的文化模式，不同的文化模式造就了不同的民族性格特征。① 按照格尔兹所言："没有文化的人类将是几乎没有什么有用本能的无可救药的怪物。没有人类，就没有文化；但同样，而且更重要的是，没有文化，就没有人类。"② 文化作为一个民族或族群的最基本特性的外在表征和最根本的内在精神与灵魂所在，是人类学研究范畴中作为文化主体的"他者"的一套认知系统和特定的、共享的生活方式，也作为"他者"之外的社会群体对于此民族或族群认知的理解系统。这一套系统源于特定民族为自己所编制的属于自己民族的"文化裤子"③，诸如道德、法律、经济、信仰、艺术、风俗、制度、技术等都是这一条"文化裤子"上所附的各种缤纷色彩装饰，这条"裤子"也正是格尔兹所言的文化"意义之网"，人们总是悬挂在这幅意义之网上。④ "文化裤子"是人类在生产生活实践中所创造的，并在此过程中被不断赋予其意义与价值，它是人类对于追求美好生活的普同特性的结果。

---

① 〔美〕露丝·本尼迪克特：《文化模式》，华夏出版社，1987。
② 〔美〕克利福德·格尔兹：《文化的解释》，上海人民出版社，1999，第57页。
③ 〔日〕栗木慎一郎：《穿裤子的猴子》，工人出版社，1988。
④ 〔美〕克利福德·格尔兹：《文化的解释》，上海人民出版社，1999，第5页。

　　在不同时期，人类群体所面临的问题与需求是和特定自然生态与社会背景相适应的，时空场域不同，人类生存的自然生态与社会背景自然发生嬗变，文化也不会一成不变。文化发展状态与人类需求一样会呈现出差异性，文化并不总是绝对封闭和独立的，总会与其之外的文化发生接触与交流，受到影响。在时空条件的转换过程中，无论是作为文化主体的"他者"之外的文化观察者，还是作为"他者"的文化创造者为了发挥和实现文化的最大价值，都会从不同的维度上对这条"文化裤子"进行各种创新、改造、再生产和再利用，所以这条"文化裤子"在社会环境的时空转换中，会与其文化空间之外的其他文化特质和文化丛发生接触、交流与融合，会不断地调适自身以适应发展的需要，所以文化变迁在所难免。既然会发生调适与变迁，文化就不可能一成不变，在传承保护的要求上就很难做到所谓的"原生态"，一味地追求"原生态"保护，无疑是一种机械保护，既不符合于时代发展的要求，也不符合于文化发展的规律。文化传承保护应当是一个"自觉"的过程。传承与保护必须要有一种文化自觉意识，有"文化的'自知之明'，明白它的来历、形成过程，在生活各方面所起到的作用，也就是它的意义和所受其它文化的影响及发展的方向，不带任何'文化回归'的意思，不是要'复旧'，但同时也不主张'西化'或'全面他化'。自知之明是为了加强多文化发展的自主能力，取得决定适应新环境时文化选择的自主地位"①。只有在这种自觉的过程中才能最终形成"各美其美，美人之美，美美与共，

---

　　① 费孝通:《论人类学与文化自觉》，华夏出版社，2004，第188页。

天下大同"的文化相对守则。① 文化的传承保护是开发利用的前提与基础，所以对文化的认知理解应当将特定的历史场景与现实社会相联系，树立一个合理的文化观，这对于文化的传承保护实践是极为重要的。只有明确了文化的本质内涵，有一个清晰的符合于时代背景与社会发展需求的文化观，才能保证文化传承保护的持续性，为满足社会发展需求而合理开发利用文化提供新的思路。

（二）文化的传承保护与开发利用的辩证关系

文化的传承保护与开发利用本身就是一对矛盾，它们相互对立又相互统一。文化本身的发展就处于一个变迁的社会结构当中，也面临着生存和发展的问题，诸如通过口耳相传方式传承的各种民族技艺、民族神话、民族歌舞艺术、民族宗教礼仪等会因为各种不确定的因素而造成一定的传承阻碍，尤其是民族宗教礼仪文化在现代科学文化的熏陶之下，原生民族信仰逐渐被作为"迷信"进行分类，神性力量对于人类行为的影响力和制约力就会有所松懈，引起一系列的社会越轨行为。文化根植于特定生计模式，传统社会中自给自足的小农经济足以养活一家老小，但随着社会条件的变化，在许多边缘民族地区，单单靠原本的农业生计难以维持一家开销，迫于生存，许多年轻人不得不外出打工谋生，这就出现了文化传承人的流失问题，久而久之，就会造成文化的传承断代现象，最终造成文化失传。

在未开发利用的前提下，文化的传承发展都会遭遇各种隐性

---

① 费孝通：《论人类学与文化自觉》，华夏出版社，2004，第189页。

的或显性的困境，要开发利用文化，就必须更加关注文化的传承保护。从理论层面看，"保护"与"开发"是两个不同的概念，"保护"着眼于保护民族文化的基本物质，而"开发"则注重的是民族文化在社会发展过程中的实际运用，一旦开发，民族文化便和市场与文化之外的社会联系起来。文化是社会发展到一定阶段的人为图景，而且我们越来越清晰地认识到"文化既是发展的手段，更是发展的目的，发展是以文化为中心和目的的包括政治、经济、社会和生态的人类全面发展"[1]。在传承保护好文化的基础上，以发展的眼光合理开发利用文化，可从不同维度促进文化村寨社会经济的发展，给文化主体带来相应的经济利益，促进文化村寨社会的基础设施建设，提升当地人的生活质量以及增加当地人的娱乐方式，丰富精神世界。还可以刺激文化主体对本土文化的价值认知，提升文化自信，增强文化传承保护的自觉意识。但是一旦开发利用不合理，则会对文化造成一定的破坏。这在许多民族文化旅游地已经出现不少例子。如果过分地追求经济效益而轻视民族文化的保护，民族文化在旅游的开发过程中就难免会朝着市场化、庸俗化、舞台化、相似化方向发展，一系列的文化"打造包装"和"文化构建"就会不断出现，使原生态的民族文化逐渐异化，失去其本来的文化内涵和意义。但是文化的传承保护不是机械地将其保存下来，而是要活跃地传承保护，并使其在社会发展过程中的最大价值得到体现，这才符合文化传承保护的本质要求，这才是文化真实性的体现。但是发挥文化在不同时空场

---

[1] 郭家骥：《发展的反思——澜沧江流域少数民族变迁的人类学研究》，云南人民出版社，2008，第 39 页。

域的价值与作用让其得以体现，是因为其本有的原生文化形态，只是在不同的场域与条件下，其表现形式各有差异性，也就是说，文化建构是文化发展的必然，文化本身就是一个建构本体，也是阐释本体，但是建构文化必须基于原有的文化遗迹之上，而不是凭空的自我想象。

二　实践反思：当下西江苗寨民族文化保护传承呈现的问题

西江苗寨位于贵州省黔东南苗族侗族自治州雷山县西江镇，现有近 1400 户人家，6000 多人，苗族人口占 99.5% 以上。① 西江苗寨作为贵州民族文化旅游的典型范例，文化是其旅游发展的根基和本原。西江苗寨拥有丰富的文化资源，有苗绣、苗族吊脚楼营造技艺、苗族芦笙制作技艺、苗族织锦技艺、苗族银饰锻造技艺、苗医药、苗族飞歌、铜鼓舞、芦笙舞、苗族"鼓藏节"、苗年、苗族"贾理"以及仰阿沙等 13 项入选国家级非物质文化遗产名录。除此之外，西江还拥有数量众多的省级、州级以及县级非物质文化遗产。正是在文化保存较为完整的基础上，西江的民族文化旅游才得以出现今天的火热局面。作为民族文化旅游发展的成功范例，西江的旅游开发既为西江苗族文化的传承保护提供了传承制度、机制、传承场所、经济基础以及多元化的传承方式，还通过民族文化保护费的发放刺激了当地人文化传承保护的积极性与主动性，此外还提供大量的就职岗位，带动了周边村寨 2000 多

---

① 数据来源于田野调查资料。

人的就业，避免了人口的外流，为西江留住了大批文化传承人。西江苗寨所取得的成就是有目共睹的，但是也不能忽视发展过程中存在的一些问题，尤其是关于文化的问题。大体看来，西江苗寨的文化传承保护与开发利用所出现的问题表现为以下几点。

（一）传统"文化生态系统"的破坏

如果将 20 世纪 80 年代的西江苗寨与现在的西江苗寨的村寨布局对比一下，传统的社会文化空间所发生的明显的置换和质变显著。其中，最明显的就是农田的减少和对传统吊脚楼建筑形貌的破坏。水稻种植长期以来一直是西江苗族的主要生计方式，稻作文化结构系统是西江文化结构的核心所在。随着旅游的发展，大面积的水稻农田被征收开发为文化展演区，原初农业生产空间被缩减，农田变成商铺、农田之上起"高楼"等现象越来越多，传统的社会结构系统遭到一定的破坏。而且旅游驱动下新建设的建筑虽然在外观上采取了规格统一的装修，但是其外部形态与传统吊脚楼有着明显的区别，内部结构也发生了极大的变化，传统的诸如中柱上所隐喻的神圣文化空间以及火塘等设施似乎不是那么明显甚至不复存在了。从整体看来，保存较为完善的仅有位于羊排寨和东引寨的建筑，而其他的基本与传统形貌逐渐相异。过去经常说"山上山下两个西江"，大多数人这样区分是根据两个区域经济收入差异而言，其实不仅如此，在建筑形貌上也是如此。而且，现如今的西江苗寨不仅是"山上山下"，更明显表现为以白水河为分界的"两面西江"，这从建筑群风貌上表现得最为明显。简单地说，就是西江苗寨民居建筑的民族特色正在逐渐缺失。

（二）文化开发忽视文化整体观

文化无论是作为"共享的生活方式"，还是一套"符号系统"，整体性都是文化的基本特性。目前，西江的文化开发利用可能没有注意到文化整体性的重要性，以展演的芦笙舞、铜鼓舞为例，芦笙与铜鼓就是一对密不可分的有机统一体，而在西江的文化展演中，二者却似乎是独立存在的。除此之外，民族文化产品存在单一化、雷同化，缺乏创新和特色的问题。这一问题不仅是西江苗寨仅有，全国大多数民族文化旅游地也是如此。以西江为例，西江苗寨出现了许多以传统文化为经营元素的工艺品和食宿餐饮产品，如生产牛角梳的就有"阿牛哥""牛大王""牛角工坊""牛二牛角工艺"等商铺，除了牛文化之外，与蝴蝶妈妈有关的有刺绣坊、酒店，与苗族传统婚恋有关的有酒吧"哟妃音乐吧""摇马郎"等。但是在其经营活动中只见其名却没有相关的文化活动，明显缺乏对婚恋文化符号背后的实质内涵的发掘，致使有其名而无其实。这些包装仅仅是挂上一个苗族传统文化的"符号"，实际上根本没有挖掘出或者赋予苗族文化真正的内涵，给人一种挂羊头卖狗肉的感觉。再如苗族的鼓文化，在传统社会中，苗族的藏"鼓"之地是经过精挑细选的比较隐秘之地。鼓是祖先灵魂的栖所，在苗族人的眼中是极其神圣的，严禁一般人随意触摸。藏鼓之地当属神圣文化空间，只有"鼓藏头"知晓，在西江亦如此。然而在旅游开发过程中，西江苗寨的藏"鼓"之地发生了变化，不仅把"鼓"放在了鼓藏堂，旅游公司还将"鼓藏头"家打造成了一个景观点，还在鼓藏堂中放置了一个木箱，名曰"心愿箱"，来往游客往里投入 2 元或 2 元以上的双数"许愿钱"就可以敲响铜鼓，触摸牛角，以示祈求苗族神灵的护佑，渐已发展成为一项旅游体验活动。这一景点的打造将置"鼓"之处由神圣空间转变成了世俗空间，使苗族"鼓"文化的神秘性和神圣性大打折扣，由神圣化转向了世俗化，原本的文化内涵几近缺失，与传统文化结构系统产生脱离。

（三）文化建构不等于"传统的发明"

文化建构同样是文化发展不可避免的，无论是作为文化主体的"他者"，还是"他者"之外的人类群体，都会根据特定场域与情境进行文化的建构，进行文化知识的生产，但无论是哪种建构，原生文化基础是必不可少的，文化建构是在原来文化基础上的创新、生产与再生产、阐释与再阐释，简单地说，建构文化必须要有一个"文化之根"。然而，在西江出现了无文化本原的旅游"文化"建构现象，例如西江"苗王"符号的建构，实际西江无论是过去还是现在根本就不曾存在对某一个人所谓的"苗王"之称，这种"文化创新"或者"文化生产"几乎并不是"传统的发明"，如果在建构者所生存的文化建构环境中的文化群体都不接受和认可其所建构的文化，这种文化建构无疑是不可信的，文化建构此时就变成了一种"自我想象"的结果，易使外界对于西江文化产生错误的认知。

（四）口头传统面临传承危机

许多英雄祖先记忆、民族历史、社会传统、歌谣史诗等都是以口头传统形式世代传承，是一种活性文化。口头传统作为文化的重要组成部分，它凝结着民族的历史叙事、神话叙事、民间故事浪漫叙事以及习惯法的社会叙事。口头传统文化的传承在许多民族村寨都面临着传承危机。首先口头传统是以民族语言口耳相传，如果民族语言丧失，口头传统的传承将面临着同样的后果。田野调查发现，西江苗寨苗族古歌、口传谱系以及有关民族历史记忆与西江建寨历史的神话传说和民间故事在七八十岁老年人群体中传承较好，但是青年群体尤其是"80后""90后"群体中，几乎很少有人会唱古歌、记得口传家族谱系和记得民族的相关神话传说与民间故事。而这种口头传统文化是作为西江民族文化不可缺失的结构元素，甚至涉及民族之根所在，但是似乎这个问题尚未引起太多的重视，这是西江苗寨民族文化传承与保护应当关注和解决的问题。

三　展望未来：人类学视野中民族文化传承与保护问题的再思考

基于笔者在西江苗寨田野调查过程中所发现的西江苗寨在民族文化传承与保护上所存在的问题，笔者从文化人类学的视角出发，对此谈谈自己对民族文化传承保护的一些思考。

（一）注重"文化生态系统"的整体保护

文化生态是"文化与自然环境、生产生活方式、经济形式、语言环境、社会组织、意识形态、价值观念等构成的相互作用的完整体系，具有动态性、开放性、整体性的特点。在一定历史和地域条件下形成的文化空间，以及人们在长期发展中逐步形成的生产生活方式、风俗习惯和艺术表现形式，共同构成了丰富多彩和充满活力的文化生态"①。"文化生态"是西江苗寨民族文化保护与传承的重要基础，这一文化生态系统下不同维度的文化空间是西江苗寨民族文化存在和延续的重要场域，是作为西江苗寨人、地、物以及文化活动的纽带与载体。

　　吊脚楼建筑群、水稻田作为西江苗寨文化生态系统的最显眼最直接的文化表征，目前是西江民族文化传承保护中较为棘手的两个问题。如果这两个最能彰显西江苗族文化的直接载体都呈现不出文化特色和民族特色，西江苗寨的旅游在最直观的形象上便会大打折扣。强行拆除新建建筑显然是不可能的，既然已经在外观上规定了建筑形貌与色泽，为何不尝试重塑传统民居建筑的内部结构特征？这并不是说要机械地恢复原生态的吊脚楼内部结构，而是用现代化技术将原来的例如火塘、屋内的神圣空间等塑形，最大限度将传统与现代结合，这样既利于文化的持续传承与保护，也使得进入西江的游客住得舒服且能感知当地的传统文化。对于水稻农田而言，田地是农民的根，即使西江现在盛行旅游产业，但也绝不能荒废农业生产，只有实现粮食安全才能实现真正的安全，而且西江苗族文化本就是根植于水稻文化系统，如果一味地弃田盖楼，放弃水稻种植去追求经济利益，最终会导致部分甚至于全部文化的消失。所以，民族文化的传承保护与开发利用必须注重"文化生态系统"的整体性保护。

---

① 黄永林：《"文化生态"视野下的非物质文化遗产保护》，《文化遗产》2013 年第 5 期。

（二）以人类学文化整体方法论作为指导

"文化是一个整个的系统。在一个特定共同体的生活中，文化的每一个因素都扮演一个特定的角色，具有一定功能。""只有当文化被看成是一个各部分相互联系的整体时，才能确定任何文化元素的意义。"① 民族文化是少数民族特色村寨的灵魂和生命力所在，文化才是民族村寨的根本存在和外在符号，它以民族服饰、民族建筑、民族饮食、民族节日、民族信仰、民族音乐、民族舞蹈、民族工艺等不同文化元素通过不同的存在载体、表现形式，共同构成民族村寨这一整体的文化空间。任何单独将文化剥离开来加以认知和开发利用的方式都是不正确不严谨的，都会造成对于文化深层次内涵的错误认知或者没有认知，所以常常出现文化产品开发力度不够，文化产品单一、雷同，缺乏色彩，甚至还出现"文化虚构"和"穿衣戴帽"般的文化嫁接，使原本的文化意涵缺失和扭曲。西江苗寨作为发展成熟的民族旅游范例，上述现象一直存在且没有引起重视和关注，更不用说其他稍微逊色的民族村寨。所以对于民族文化的认知要以整体性和联系性来看待，这样才能更易探寻到其文化结构和深层次意涵，文化产品的生产才会更加富有文化内涵和丰富多元，进而"在保护传承的基础上，创造性转化、创新性发展，不断赋予时代内涵、丰富表现形式"②，而不至于只是表层包装，以致出现毫无文化原型和根基的文化虚

---

① 〔英〕A. R. 拉德克里夫·布朗：《社会人类学方法》，山东人民出版社，1988，第32、56页。

② 《中共中央国务院关于实施乡村振兴战略的意见》（2018年1月2日）。

构与嫁接。

（三）深化口头传统记忆的传承保护工作

口头传统记忆是一种活性传承的文化，诸如共同祖先神话、民族英雄史诗、民间歌谣、民族古歌、谚语等。在无文字民族社会中，口头传统记忆便是最主要的传承保护方式。口头传统记忆凝结着民族历史，它不仅能起到文化传承的作用，还具有社会教化的功能。但是，口头传统记忆的模糊乃至传承中断已经成为民族文化传承保护的一个突出问题，文化断代在口头传统记忆上的体现再明显不过。这不仅是西江苗寨的问题，也是汉族和许多少数民族文化传承面临的一道难题。所以，民族文化的传承保护绝不能忽视口头传统记忆文化，这是民族文化的瑰宝。

（四）树立"文化相对论"的传承保护观念

文化相对论由美国人类学者博厄斯[①]提出并由之后的学者发扬光大。文化相对论传达的是每一种文化都有其独特的价值存在，文化之间没有高低优劣之分，对待不同的文化应当加以尊重和包容，而不应当站在其文化本体之外进行任何的价值评判，不应当过分强调"中心"与"边缘"，强化文化壁垒，而应像费老先生"各美其美，美人之美，美美与共"，认知、理解、阐释或解释文化，都应当置于特定的场域和语境当中，不可轻易将其贴上"迷信""封建""落后"等标签，尤其是对于万物有灵、精灵崇拜等

---

① 〔美〕博厄斯：《人类学与现代生活》，华夏出版社，1999。

具有神圣性与神秘性的原生信仰文化。

（五）处理好"文化变迁"与"文化真实性"的关系

人类社会的历史阶段同社会经济形态都处于一个不断进化演进的过程与趋势中，文化也是处于一个不断变迁的过程中，任何文化都不可能绝对独立存在和发展，都会与其他文化发生接触，进而发生文化变迁。"每一种文化的发展和维护都需要一种与真相一致并且与其相竞争的另一个自我的存在。自我身份的建构——因为在我看来，身份，不管是东方的还是西方的，法国的还是英国的，不仅显然是独特的集体经验的汇集，最终都是一种建构——牵涉到与自己相反的'他者'身份的建构，而总是牵涉到与'我者'不同的特质的不断阐释和再阐释。"① 可以说文化变迁是同一文化在不同时空的存在形式与表现方式，它在与其他文化的交流过程中，或是主动变迁，或被强制变迁，诸如文化创新、文化生产与再生产、文化融合、文化涵化、传统再造与发明都是文化变迁的具体体现。但我们都知道，文化呈现的是其特定结构性情境与语境，一旦情景语境发生变化，文化同样就会发生嬗变，它总处于构建过程中。基于文化变迁的理论视角，民族文化的传承保护不可能永远都采取同样的方法，也不可能保证文化一成不变，因为谁也说不清楚文化是否发生变化，往往在这个时候文化的真实性是最难以体现的。在笔者看来，在开发利用文化、发展社会经济的情况下，应保证文化生态的基础形貌不被破坏，而不

---

① 〔美〕爱德华·W. 萨义德：《东方学》，三联书店，2007，第426页。

是一味地强调原生态保护，而应发挥文化的最大价值，使其更好地与时代背景相符合，与文化主体的需求相符合，这才是文化的真实性所在。

（六）加强文化传承保护人才队伍的培养力度

人是一切社会关系的总和，民族文化的传承保护以及开发利用都离不开各行各业不同领域的专业人才。有了充足的庞大的人才力量，民族文化传承保护与开发利用无论是规划、法律制度条例的制定，还是基础设施和公共服务配套设施的建设都会事半功倍，有了坚实的人力后盾，才有庞大的传承人队伍与开发建设队伍。

四　结语

文化既是一个民族或族群的最基本特性的外在表征，也是一个民族或族群最根本的内在精神与灵魂所在，对一个民族或族群的认知往往是以文化作为媒介、纽带，一旦文化缺失，民族也不复存在，二者是相互依存的，有学者将二者关系比作鱼与水的关系①，笔者认为此比喻十分恰当。文化总是在社会发展过程中面临各类问题与挑战，忽视文化传承与保护，或是用力过度都会造成对文化的破坏。文化的传承与保护一直是文化人类学研究的一项重要议题。不言而喻的是，文化人类学尤其关注处于"中心"之

---

① 覃德清：《人保护文化？亦或文化拯救民族——文化保护基本理论的人类学阐释》，《广西民族研究》2008年第2期。

外的"边缘"的面临濒危的土著文化、聚落文化、民族文化以及族群文化等，以深入细致的田野调查作为学科知识生产和文化实践的重要途径与方法，获取大量的田野资料，撰写了丰富的民族志文本，将文化作为文本形式保存下来，而且在民族志基础上构建起具有实践性的理论框架，为文化的传承保护以及开发利用提供了雄厚的理论基础。

本文以西江苗寨作为研究案例，不难看出现阶段的民族文化的传承保护与开发利用取得了阶段性的成果，但是其中也凸显了各种问题，诸如对传统"文化生态系统"的破坏，文化开发利用缺乏整体观，以至于产生了一系列的文化创造、文化虚构等现象，最突出也最重要的一个问题是口头传统记忆传承的可持续性，这是民族文化传承保护的重大难题。笔者基于文化人类学视角对上述问题提出了几点尚待深入探讨的想法，在此抛砖引玉，望更多专业研究者多多赐教。

参考文献

和晓蓉、和继全：《民族文化保护与传承的实践总结与理论探索——以中国西南诸民族为个案》，知识产权出版社，2013。

李天翼、麻勇斌、苍铭等：《西江模式——西江千户苗寨景区十年发展报告（2008—2018）》，社会科学文献出版社，2018。

贵州省民族研究学会：《贵州民族文化保护与发展论文集》，贵州大学出版社，2008。

贵州省中华文化研究会：《全球化背景下的贵州民族民间文化》，贵州民族出版社，2006。

〔美〕克利福德·格尔兹：《文化的解释》，上海人民出版社，1999。

中哈边疆地区小康社会建设的民族
渊源与地缘基础[*]

冯　瑞（热依曼）[**]

摘　要： 本文重点论述了中哈跨国民族历史上的民族亲缘关系、地缘关系以及丝路贸易的传统，特别是根据调研资料介绍了中哈间各主要跨国民族的地理分布与人口状况，为丝绸之路经济带建设和边疆地区小康社会建设提供了珍贵的参考资料。同时指出跨国民族间和睦共处，信息畅通，经济往来对我国边疆地区人民小康社会的建成也有着举足轻重的作用。

关键词： 边疆地区　新丝路与小康社会　民族渊源　地缘基础

习主席提出共建丝绸之路经济带的号召后，他访问的第一站

---

* 本文为国家社会科学基金重大招标项目"中国边疆地区的边民离散与回归研究"（子课题"离散与回归——中国边疆地区边民迁移的历史人类学研究"，（项目编号：14ZDB109）的阶段性成果。

** 冯瑞（热依曼），就职于西北民族大学民族学与社会学学院。

就是中亚的哈萨克斯坦。这正说明，中哈两国携手对恢复丝绸之路的畅通具有极大的重要性。本文从两国跨国民族的视角整理了我们收集的资料和研究的心得，为投身共建新丝路经济带和小康社会建设的各方人士提供参考。

一　中哈两国古代形成的民族渊源关系与地缘关系

本文不详述早在公元前汉代张骞通西域时，中国原敦煌一带游牧民族乌孙、月氏等就已西迁并在今哈萨克斯坦的古代地域上活动，以后就成为融入中亚哈萨克等族的先民这些古代的历史。本文主要论述中亚哈萨克族的形成及其与当时中国各民族的密切亲缘与地缘关系。这主要与成吉思汗及其后裔征服古中亚地区有关。1225 年成吉思汗为其 4 个儿子划分封地，他让长子术赤掌管中亚钦察草原一带的领地。术赤的儿子拔都接管钦察草原及其周围大片领土，建立了金帐汗国。金帐汗国到月即别汗时，因盛世得名月即别汗国，并规定其国民信奉伊斯兰教，他们逐渐被称为与"月即别"同音的"乌兹别克"人。

15 世纪 30 年代，在术赤之子昔班尼的后裔阿布尔海尔取代八喇汗系而统治月即别汗国不久后，就开始镇压同宗的源自八喇汗系的势力。1456 年八喇汗的两个儿子克烈汗和贾尼别克汗起而反抗，在被打败后转而向东逃往楚河流域，投奔了蒙兀尔斯坦。蒙兀尔斯坦是当时人们对尚未伊斯兰化的蒙古人所统治的七河流域一带地域的称呼。当时的蒙古汗王也先不花接纳了两位投奔者，并将蒙兀尔斯坦西境的楚河、塔拉斯河流域（属七河流域一带）

划给了二位汗安置流亡人口，以便抵御强大的阿布尔海尔的扩张。① 以后这些人便都叫哈萨克②（意为漂泊者）。

史书记载，在乌兹别克的阿布尔海尔汗逐渐向中亚一带扩张时，从中国漠西兴起的厄鲁特（卫拉特）蒙古族的瓦剌军曾击败过乌兹别克。一般认为，瓦剌在 1472 年还曾在七河地区战败亦力把里的羽奴思，并一直沿通往中亚的通道追击羽奴思汗到锡尔河。当时这些远征争夺的重点，其实就是争夺从中国哈密、吐鲁番到哈萨克斯坦七河流域一带的中亚贸易通道和城市，并开拓了卫拉特向西发展的新时期。③

哈国学者的研究也认为：15 世纪 50 年代，厄鲁特部已远征到锡尔河畔，击败了乌兹别克的阿布尔海尔汗，造成该国的分裂。作为其组成部分的克烈苏丹和贾尼别克苏丹迁徙到也先不花统治的蒙兀尔斯坦南部，居于楚河一带，奠定了哈萨克汗国的立国基础。④ 可见，正是在中国阿尔泰、杭爱山西麓迁徙而来的西蒙古厄鲁特人（卫拉特人）的帮助下，哈萨克人才能立国，也才有哈萨克民族与国家的形成。

许多学者也都指出过古代东蒙古人和卫拉特西蒙古人跟哈萨

---

① 详见冯瑞（热依曼）《哈萨克民族过程研究》，民族出版社，2004，第 78 页。

② 《哈萨克共和国史》，阿拉木图 1957 年版，第 139 页。

③ 兹拉特金：《准噶尔汗国史（1635-1758）》，马曼丽译，商务印书馆，1980，第 74 页；2013 年兰州大学出版社修订新版第 32 页。兹拉特金在这里把羽奴思汗的去世年注为 1496 年，有的学者认为这是不对的，因为弘治元年（1488）的记载已指出："哈密忠顺王罕慎为吐鲁番速擅阿黑麻所杀"，阿黑麻是在羽奴思死后才当速擅的，所以羽奴思死年是 1487 年（《明孝宗实录》卷 20，可参见马曼丽《明代瓦剌与西域》，载《西北史地》1984 年第 1 期；或 2008 年《新疆历史论文集·民族卷》转载文；也可参见巴托尔德《谢米列契史略》第七章）。

④ 马哈诺夫等：《哈萨克斯坦民族与文化史》，阿拉木图 2000 年俄文版，第五章。

克突厥部落的紧密亲缘关系，如阿拉伯著名地理学家阿尔·奥马利说过14世纪时金帐汗国的民族交融情况："金帐汗国古时是钦察人的国家，鞑靼人占领它之后，钦察人成了其臣民，而蒙古人又与其当地人结合，生殖繁衍……同他们通婚并留居在他们的土地上，处在金帐汗国东部的哈萨克斯坦地区也一样。"[①]

又如拉施特丁说："术赤的军队一半由他自己掌管，另一半则由拔都统帅，到13世纪中期，其中大约有20万蒙古人和突厥部落人从阿尔泰和南西伯利亚地区迁调到七河与天山地区。"[②] 而后来，在15世纪末的10年中，大批东钦察草原的阿布尔海尔属人因战乱迁入蒙兀尔斯坦哈萨克中，这样到1465年以后，后者日益壮大而确立了哈萨克汗国并最终形成了中亚哈萨克族。[③] 由此可见，哈萨克人的主要成分就是中亚钦察草原的原突厥人和中国漠北阿尔泰山一带迁去的蒙古族及操突厥语诸民族。由此可见，两地自古以来民族地缘、亲缘关系源远流长，语言相通，各种关系相当密切。

二　中哈同源跨国民族和平跨居与现代分布 互动互利的优越性

至于中哈同源跨国民族的形成，则都与当时沙俄对邻国的入侵有关。在乾隆二十年（1755），清军取得第一次对准噶尔战争的

---

① 《金帐汗国历史资料集》第1卷，圣彼得堡，1884，第235页。
② 《吉尔吉斯社会主义苏维埃共和国史》，伏龙芝1984年版，1卷，第382~383页。
③ 《14世纪中期到16世纪初期的哈萨克斯坦东南地区》，阿拉木图1997年版，第246~464页。

胜利，进入伊犁，开始和游牧于准噶尔部西北的哈萨克部有了政治上的接触。

中外学者也都了解，当清朝势力进入准噶尔地区时，哈萨克部的周围，西方和北方（从南乌拉尔到托博尔斯克、鄂木斯克）与俄罗斯接壤；南方（锡尔河流域）与乌兹别克的浩罕、布哈拉汗国以及天山山脉中的柯尔克孜接壤；在咸海周围与喀拉喀尔帕克及土库曼接壤；东方，从额尔齐斯河上游直到准噶尔地区，自准部灭亡后，便和大清王国的亚洲内陆边境接壤。[①]

此后，哈萨克的大玉兹、中玉兹逐渐为沙俄所吞并。在19世纪上半叶时，沙俄乘中国内忧外患、逐步沦为半殖民地之机，侵入巴尔喀什湖以东，控制了大部分中国哈萨克部落。1864年签订的《中俄勘分西北界约记》（又称《塔城议定书》）等条约，重新划定了从沙宾达巴哈起到葱岭为止的中俄边界线，同时还规定在边界线附近的我国居民"地面分在何国，其人丁即随地归为何国管辖"。这样国界变动之后的主要现象是哈萨克人领地归俄国，民族被分割为跨国民族。

但是有的哈萨克人不断逃回中国境内，这与当时中国清朝在边疆实行的驻兵屯田以及对哈萨克的经济政策是分不开的。当时不仅有大批满族、锡伯族、蒙古族等官兵西渡流沙，屯驻新疆，而且政府招来善于耕种的汉族北上实边辟土，使天山南北绿草成茵，植被生机益然。各族人民在这块西部边陲地方的经济生活环境得到很大改善。加上当时乾隆皇帝非常重视与哈萨克的贸易，曾亲

---

① 〔日〕佐口透：《18-19世纪新疆社会史研究》上册，新疆人民出版社，1983，第317页。

自过问，以至贸易兴盛。在双方首次贸易中，清朝换来的马匹体大膘肥，立即可投放给各个军营使用，哈萨克方面也"喜悦返回"①，这些历史记载充分体现了中哈丝路贸易互惠互利的传统。于是此后，双方开始了频繁的大宗绢马贸易。如：随后哈萨克便派来 260 余人，赶来 2400 余匹马到乌鲁木齐②，阿桂曾奏称："……伊犁、塔尔巴哈台易换哈萨克马匹储备给伊犁……及各城需用外，余剩者著解送乌鲁木齐、巴里坤以远地方。"③ 不仅为边疆供应了军需马匹，而且对迁入的哈萨克，只收取"牛马百取一，羊千取一"的关税。④ 这种情况的出现，也与中哈这条通道自古就是丝绸之路中西交通的便利中转道路有关。

　　早在公元前 2 世纪到公元 1000 年前半叶时，这段中亚丝绸之路枢纽地就已经起到了重要的沟通功能。罗马的玻璃和钱币，中国的丝绸、镜子和漆器，欧洲的饰扣、耳环以及波斯萨珊王朝出产的石制印章等就从四方源源流入七河流域哈萨克斯坦地区。其中由此通过别失八里到中国敦煌再至内地就是最繁荣的中哈古通道。而现在，中哈两国是友好邻邦，不仅睦邻关系、民族关系长期和睦稳定，而且有诸多和平跨居的同源跨国民族，其语言相通、民心相连，长期有民间交往，从古至今有千丝万缕的联系。因此，发挥这些跨国民族的作用，对恢复与共建欧亚丝绸之路来说，不仅有得天独厚的传统优越条件，而且其作用举足轻重，不可忽视。

---

① 《满文 军机录副》，乾隆二十三年九月二十四日，努三奏。
② 《满文 军机录副》，乾隆二十三年十二月二十八日，宝长等折。
③ 《满文 朱批奏折》，乾隆二十三年闰七月二十六日，阿桂奏。
④ 椿园七十一：《西域闻见录》卷 1《伊犁》。

三 哈国的中哈跨国民族的现代分布及其对共建
丝路经济带的重要性

基于我国在国家层面的外交、外贸的需要，我国一般的工商企业、大小商人、研究人员、政务人员等，都需要了解中哈同源跨国民族在哈国的现代分布，这样才谈得上开展两国共建丝绸之路经济带的有关工作。

根据笔者专请跨居哈国的亲戚朋友收集的调研资料，中国西北主要的少数民族都有跨居哈国的，特将其在哈国的主要分布状况简述如下。

哈萨克族是哈国的主体民族，其国内的哈萨克族占全世界1600多万哈萨克族人口的80%以上。中国的哈萨克族主要集中在西北，聚居区是新疆伊犁哈萨克自治州、塔城地区、阿勒泰地区和北疆的大部分地区以及东疆哈密的巴里坤县等地，还有几千哈萨克族人生活在甘肃、青海等地的小聚居区。总体来讲，中哈间的同源哈萨克族距离不远，他们可以成为哈国的能源、油气输出和中国的日用生活品输出贸易的最积极的中介人，造福两国人民，恢复和巩固历史上互动互利的传统，使双方利益达到最大化。我们认为，为消除两国间的顾虑，可以规定在不改变国籍，不恶意吸引对方人力资源的条件下，开放自由从事中介贸易的种种优惠政策，诸如免税、方便签证手续的审批等，让双方哈萨克族可以从双边跨国贸易中共同致富。

当然，除了哈萨克族这支中哈间最大的跨国民族队伍之外，还有语言相通、相近的其他中哈间跨国民族群体，他们同样是建设中国与中亚这条丝绸之路经济带最好的人力资源。对此，我们一一分述一下。

同源维吾尔族：指与新疆维吾尔自治区的维吾尔族同源的哈国维吾尔人。据统计，全世界有1000多万维吾尔人，主要聚居在中国新疆和中亚各国。据中国2011年人口普查数据，中国境内的维吾尔族人口已经超过1000万，中亚约60万①维吾尔人，主要分布在哈萨克斯坦、吉尔吉斯斯坦和乌兹别克斯坦三国。哈国的维吾尔人主要分布在阿拉木图州、江布尔州、塔尔迪库尔干州和拉金斯克州等地，其他各地也有散居分布。

同源西蒙古卫拉特族裔：在中国，西蒙古厄鲁特（卫拉特）人已统一称作蒙古族，现主要聚居在新疆和布克塞尔蒙古族自治县以及甘肃的肃北蒙古族自治县和青海的部分地区；而哈国的卫拉特蒙古人后裔除一小部分保留苏联使用的"卡尔梅克"之称外，许多已被称为阿尔泰人，而且阿尔泰人又分为两支。南阿尔泰人在1947年前还使用中国史料中的"厄鲁特（卫拉特）蒙古"之名，这包括在苏联曾被称为白卡尔梅克、阿尔泰卡尔梅克、山地

---

① 1997年，哈萨克斯坦政府机关社会文化发展局顾问 C. 巴伊马加姆别托夫，在哈萨克斯坦发展研究所编的《政治》月刊1997年第4期发布文章认为："在哈萨克斯坦集中了生活在独联体国家200万维吾尔人的68%。"据此推算，哈萨克斯坦维吾尔人约有140万。兰州大学杨恕先生认为这一数字不可靠，他根据苏联时期几次人口普查资料和联合国公布的数字推算，认为中亚地区维吾尔人约有40万。不过，境外维吾尔人组织认为中亚维吾尔人约有60万。以上文字整理自郝文明主编《中国周边国家民族状况与政策》，民族出版社，2000，第117页。此外，根据李琪、朱慧玲等人十几年前的统计，哈萨克斯坦有维吾尔族华侨华人约21万人，吉尔吉斯斯坦有维吾尔族华侨华人10万多人。据笔者2008年的调查，中亚国家至少有维吾尔人54万人（详情请参阅《中国新疆维吾尔族群的跨国过程及其分布和动因》，《新疆大学学报》2008年第4期，第98～103页）。笔者认为，中亚维吾尔人一直保持着较高的生育率，现其人口应已超过60万。

卡尔梅克、边境卡尔梅克以及比亚河卡尔梅克的卫拉特蒙古人。苏联时期，他们主要分布在俄联邦的阿尔泰边区（98.1%），所以称阿尔泰人。现在主要小聚居在阿拉木图州、江布尔州、东哈萨克斯坦州、卡拉干达州、巴甫洛达尔州、塞米巴拉金斯克州等地。其余一直保留卡尔梅克人之族名的，他们更明确自己是厄鲁特西蒙古人的后裔，现在多在哈国各州分散居住，以卡拉干达州、塔尔迪库尔干州和阿拉木图市散居为多。

同源回族（东干族）人：我国称"回族"，在中亚被称作"东干族"。1877 年，陕甘回民起义被清军镇压后，有数千人迁入当时的沙俄中亚地区，1924 年被苏联确认为"东干族"，现主要分布在哈萨克斯坦和吉尔吉斯斯坦以及乌兹别克斯坦境内。其中哈国东干人约有 7 万人[1]，分布在江布尔州的最多，塔尔迪库尔干州和阿拉木图州等州、市也有分布。他们自称"中原人""老回回"，虽然创制了自己的文字，但语言还是保留了 100 多年前的陕甘方言，在文化上还是传承着中国传统的文化。因此，中亚东干人还常回中国陕西、甘肃等迁出地寻根访亲，聘请汉语教师等，不乏往来。

同源鞑靼人（中国境内现称塔塔尔族）：现代鞑靼人之称，已不是指称历史上信仰喇嘛教的蒙古鞑靼人，此名称虽是在 13～14 世纪时因蒙古—鞑靼部落侵入金帐汗国之后得名的，但后来主要是指称蒙古系诸汗国内（如阿斯特拉罕汗国、西伯利亚汗国、克里米亚汗国、喀山汗国）那些改信伊斯兰教的蒙古—鞑靼部落，以区别于原蒙古人。

---

① 艾买提：《中国周边国家和地区回族的跨国分布及人口探析》，《新疆大学学报》2013 年第 5 期，第 87～92 页。

同源蒙古人：在哈国的仍信仰喇嘛教的蒙古人，他们与中国的蒙古族和蒙古国北部的布里亚特蒙古人是同源的。在哈国有数千人，主要分布在阿拉木图州和卡拉干达州。另有数百人保留喀尔喀蒙古人之称，居住在江布尔州和库斯塔奈州。

同源塔吉克人、乌兹别克人：他们也是跨国民族，但在中哈两国中都是非起源民族，人数也少。故这类民族本文不再论述。

总之，上述历史情况以及我们从哈国文献及其实地调研收集的研究信息的整理，对开展新丝绸之路经济带各方面的共建工作来说是很重要的，特别是如何发挥这些跨国民族群众参加翻译工作和中介贸易的积极性，需要以此为线索开展细微的联系调研工作。否则，我们将遇到语言不通的困难、各种信息闭塞的困难，遇到地缘政治与地缘环境不熟悉的困难以及对当地民族的信仰、习俗等诸多方面不够了解的困难。因此，联络两国的同源跨国民族，研究学习他们的传统和文化，动员起他们的积极性，对开拓新丝绸之路经济带的民间市场，特别是了解各种资源信息，沟通民族心理，使民心相通，有不可忽视的重要性。同时，跨国民族间和睦共处、信息畅通，加强经济往来对我国边疆地区人民小康社会的建成也发挥着举足轻重的作用。

人际公平对移民迁入地归属感的影响

——组织承诺的中介作用

冯敬杰[*]

摘　要： 归属感反映出移民对迁入地的认可、满意和依恋程度，是影响移民在迁入地生存与发展的重要变量，这一变量与移民所在组织层面的因素相关。然而，目前关于移民移入地归属感的研究很少考虑组织层面的因素。本文研究组织内人际公平对移民迁入地归属感的影响，以及组织承诺在其中的作用机制。移民的人际公平感与城市归属感显著正相关，且组织承诺在移民的人际公平和城市归属感之间起完全中介作用，即组织的人际公平通过促进移民组织承诺进而影响其迁入地归属感。本文从组织层面揭示了移民迁入地归属感的内在机制，为提升移民迁入地归属感提出相关政策建议。

---

* 冯敬杰，就职于山西师范大学经济与管理学院。

关键词：农村移民　人际公平　组织承诺　城市归属感

一　引言

农村移民在城市中有被边缘化的现象，使很多农村移民的城市归属感缺失，呈现出一种"虚城市化"现象，阻碍了我国城市化的长期可持续性。近年来，农村移民的城市融入等问题已经受到政府、公众以及学者的高度关注，城市归属感反映了农村移民群体对城市的认同、满意和依恋程度，对其城市定居意愿和融入城市具有重要意义，是进行农村移民市民化研究的重要内核。

目前，国内学者主要运用社会学和经济学理论对农村移民进行宏观层面的探讨，却很少从管理学的微观视角对农村移民问题展开分析。其实农村移民工作和生活在成千上万的企业组织中，组织微观层面的农村移民问题如能有效化解，则大部分农村移民问题就不会激化为宏观的社会难题。农村移民作为组织内的一员，其受到的待遇与公平程度特别是人际公平会影响其对组织的认同以及影响其城市归属感。本文利用 2014 年对 23 个省流动人口的问卷调查数据，从农村移民所在组织的人际公平分析了其对城市归属感的影响，以及这一因素如何通过组织承诺这一中介变量对农村移民的城市归属感产生间接影响，从而更全面地探讨农村移民城市归属感的影响因素并为有关部门制定相关政策提供一定的参考。

二 文献回顾

(一) 人际公平

组织公平是员工对自身在组织资源分配中所受待遇的认知与态度。它反映了员工在组织中对公平的一种主观心理认知。一般而言，组织公平包括程序公平、分配公平、人际公平和信息公平四个方面。人际公平作为组织成员关于他们所受到的人际关系待遇的公平感，反映了员工受到来自组织/主管、同事在工作过程中关心和支持而不是阻梗与"使坏"。良好的人际关系，能够提升员工的工作态度和情感依附，使员工产生较高的组织承诺，从而更加努力工作。如果员工感受到自己在组织中受到了良好的人际公平，那么一定程度上满足了员工的精神、情感需求，则会使员工产生一种回报组织的责任感，进而加强他们对组织的忠诚度以及对组织和组织目标的认同度。

假设一：人际公平对组织承诺有显著的正向影响。

(二) 组织承诺

对组织承诺也有很多定义，Porter 等将组织承诺定义为员工留在组织的意愿以及他们对组织目标和价值观的接受程度。Meyer 和 Allen 将组织承诺定义为愿意继续和组织保持雇佣关系的一种心理状态。凌文辁等也把组织承诺理解为员工对待组织的一种态度，可以解释员工为什么要留在组织，因而也是检验雇员忠诚程度的重要指标。在该研究中，组织承诺被定义为（Mowday 等）一种对组织目标和价值观的强烈信任和接受，一种为了组织而努力的意愿和一种保持组织成员身份的强烈渴望。

城市归属感是农村移民基于其对群体的运行和发展状况以及自身在群体中的地位和境遇等客观因素的认知，而在思想心理上产生的对该群体的认同、满意和依恋程度。它是群体凝聚力的重要源泉和组成部分，也是群体整合性与稳定性的重要测定标准。而组织承诺是员工认同组织及其目标并愿意留在该组织中的程度。因此我们有理由相信，较高的组织承诺会增强农村移民对组织成员身份的强烈渴望，并进一步增强其对生活和工作的城市的归属感。

假设二：组织承诺对城市归属感有显著的正向影响。

（三）城市归属感

农村移民的城市归属感包含两个层面。其一是农村移民对城市地域的归属感，主要是由于农村移民所处的农村在各种经济物质条件方面与城市存在差异，进而对城市所产生的认同、满意和依恋程度。其二是农村移民对城市居民群体的归属感，主要从思想、心理和文化层面为出发点，由农村移民在群体中所处的地位和所处的境况等因素在认知上产生的对城市居民群体的认同、满意和依恋程度。

对农村移民的城市归属感的影响因素，国内学者围绕三个层面展开：农村移民的个体层面、组织层面和制度层面。在个体层面，有些学者注重从人力资本特别是受教育程度对农村移民社会融合的影响；从年龄、受教育程度来研究新生代和老一代农村移民认同上的差异。在制度层面，关注户籍制度产生的社会排斥带来的身份、职业等方面社会融合的困难，以及农村移民子女教育的制度歧视对城市认同的影响。在组织层面，有学者发现，以初级群体为基础的社会网络会带来交往的限制，会在一定程度上阻碍农村移民对城市的认同与归属。从组织层面对农村移民的城市归属感的研究相对较少，缺少从农村移民这一群体所在组织的层面进行深入研究，而对其与非正式组织的研究也相对较少。人际公平反映了员工在组织中所受到的人际关系待遇公平感，如果员工在组织中感受到了人际公平，与组织、领导、成员建立了良好的人际关系，有助于解决农村移民在城市生活和工作当中遇到的各种困难，进而增强农村移民对城市的认同，促进农村移民增强对城市的归属感。

假设三：人际公平对城市归属感有显著正向影响。

已有研究表明，人际公平能够提高农村移民对组织的信任，增强其对组织的忠诚和投入，也就是较高的人际公平感会促进农村移民的组织承诺。而组织承诺反映了农村移民对自己组织成员身份的强烈渴望，以及对所在组织及其目标的认可。而农村移民基于对群体的运行和发展状况以及自己在群体中的地位和境遇在思想心理上所产生的对群体的认同、满意和依恋程度，则反映了农村移民的城市归属感。所以我们有理由认为，当农村移民感受到高的人际公平时，他们会通过高的组织承诺表现出更高的城市归属感。

假设四：组织承诺对人际公平与城市归属感的中介作用。

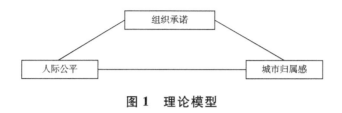

图 1　理论模型

三　数据与方法

（一）数据来源

本文采用问卷调查法，样本来自 23 个省，数据选取方式为通过 100 名本科生和 20 名硕士研究生利用春节放假回家时间进行数据收集。为保证数据的严密性、可信度和有效性，对调查者进行了专门的培训，每位调查员发放 10 份问卷。其中，调查地和调查对象年龄、性别的选取遵循分层和配额抽样的原则。调查共发放问卷 1200 份，在剔除无效问卷后，有效问卷为 1152 份，问卷的有效回收率为 96%，剔除不存在组织行为的问卷，最终样本量为655 份。

（二）工具

1. 人际公平感

采用 Colquitt（2001）编制的组织公平感量表进行测量，包括程序公平、分配公平、人际公平和信息公平四个维度，共 20 题，内部一致性信度系数分别为 0.913、0.784、0.861 和 0.835。采用李克特 5 点计分，其中 1 代表"完全符合"，5 代表"完全不符合"。

2. 组织承诺

采用了库克和沃尔编制的组织承诺量表。它描述了员工的总体组织承诺，共 9 题，内部一致性信度系数为 0.708。采用李克特 5 点计分，其中 1 代表"非常不同意"，5 代表"非常同意"。

3. 城市归属感

本文采用的调查问卷中用三个问题从不同角度反映了农村移民的城市归属感。答案采用了"完全同意、同意、一般、不同意、完全不同意"五分法，得分越高，表明城市归属感越高。整体量表的 α 系数为 0.910。

本文采用统计分析软件 SPSS22.0 和 AMOS17.0 软件对数据进行统计分析处理。首先针对测量模型，运用极大似然估计法，对数据进行了分析（见表 1）。从表 1 可知，三因子模型与其单因子模型和双因子模型相比，对实际数据更为拟合，说明三个变量具有较好的区分效度和真实性。

表 1　验证性因子分析

模型		χ^2	df	χ^2/df	CFI	NFI	IFI	RMSEA
单因子模型	人际公平+组织承诺+城市归属感	632.718	97	6.523	0.872	0.853	0.872	0.092
双因子模型	人际公平，组织承诺+城市归属感	640.609	97	6.604	0.870	0.851	0.870	0.092

续表

模型		χ2	df	χ2/df	CFI	NFI	IFI	RMSEA
双因子模型	人际公平 + 组织承诺，城市归属感	683.476	100	6.835	0.860	0.841	0.861	0.094
三因子模型	人际公平，组织承诺，城市归属感	287.214	99	2.901	0.955	0.933	0.955	0.054

四　实证结果与分析

（一）描述性与相关性分析

各变量的均值、标准差、相关性系数以及各量表的内部一致性信度系数如表 2 所示。人际公平与组织承诺显著正相关（r = 0.284，p<0.001），表明人际公平感越强，农村移民的组织承诺越高。人际公平与城市归属感显著正相关（r = 0.177，p<0.001），表明人际公平感越强，农村移民的城市归属感越高。组织承诺与城市归属感显著正相关（r = 0.203，p<0.001），表明组织承诺越高，农村移民的城市归属感越高。

表 2　各变量的均值、标准差、相关性系数及量表的内部一致性信度系数

变量	均值	标准差	a	1	2	3
1. 城市归属感	8.504	2.613	0.910	1.000		
2. 组织承诺	29.383	4.143	0.698	0.203***	1.000	
3. 人际公平	13.531	2.854	0.859	0.177***	0.284***	1.000

（二）组织承诺的中介效应检验

温中麟等人提出了中介效应检验的三步法：第一，自变量对中介变量影响显著；第二，自变量对因变量影响显著；第三，中介变量的加入会使自变量对因变量的影响减弱或消失。表3模型2可以看出人际公平对组织承诺有显著的正向影响（B＝0.580，p<0.001）。模型4表明人际公平显著正向影响城市归属感（B＝0.147，p<0.05）。模型5显示组织承诺对城市归属感有显著的正向影响（B＝0.130，p<0.01）。模型6表明在控制组织承诺后，人际公平对城市归属感的影响消失（B＝0.083，p>0.05），显著性消失表明组织承诺在人际公平和农村移民城市归属感之间起完全中介作用。

表3　组织承诺在人际公平和城市归属感间的中介作用

变量	组织承诺		城市归属感			
	模型1	模型2	模型3	模型4	模型5	模型6
年龄	0.062*	0.048+	0.032+	0.032+	0.023	0.0249
性别	-0.913	-0.505	-0.410	-0.183	-0.305	-0.124
婚姻	0.321	0.271	-0.552	-0.638	-0.671	-0.693
培训	0.411	-0.125	0.605+	0.557	0.583+	0.572
职业	0.666	0.595	0.005.	-0.023	-0.292	-0.079
制造业	-0.203	0.013	-0.093	0.079	-0.050	0.092
建筑业	-0.957	-1.232	-0.548	-0.517	-0.405	-0.362
初中	-0.198	-0.280	0.532	0.649	0.611	0.725
高中	1.665+	1.106	0.989+	0.916+	0.742	0.820

变量	组织承诺		城市归属感			
	模型 1	模型 2	模型 3	模型 4	模型 5	模型 6
歧视	0.425	0.519	-0.193	-0.081	-0.258	-0.153
方言	-1.445⁺	-2.014**	0.004	-0.136	0.197	0.091
工龄	-0.013	0.001	-0.016	-0.013	-0.009	-0.008
月收入	0.732	0.129	0.573⁺	0.340	0.491	0.335
房产	0.233	0.631	1.212**	1.355**	1.232**	1.296**
保险	-0.277	-0.171	0.119	0.176	0.199	0.205
人际公平		0.580***		0.147*		0.083
组织承诺					0.130**	0.105*
R^2	0.086	0.233	0.243	0.008	0.029	0.101
调整 R^2	0.026	0.226	0.233	0.000	0.020	0.093
F 值	1.43	4.25***	2.42*	2.42**	2.62***	2.51**

注: $+p<0.1$, $*p<0.05$, $**p<0.01$, $***p<0.001$。

五　结论与讨论

(一) 人际公平与组织承诺

通过研究发现,人际公平对农村移民组织承诺具有显著影响,人际公平感越强,农村移民对其所属组织的认同感越强。较高的人际公平感和良好的人际关系,能够提升农村移民的工作态度和情感依附,产生较高的组织承诺,从而更加努力工作。这些都可在某种程度上说明农村移民也是有着多重需求的经济—心理—社会人,而非只会功利计算的。所以对农村移民的关注不仅要注重物质报酬，更应该关注其在组织中所得到的尊重、情感支持，给予农村移民更多的人文关怀，使其受到良好的人际公平，这将有助于农村移民产生回报组织的责任感，进而加强他们对组织的忠诚度以及对组织和组织目标的认同度。

（二）人际公平与城市归属感

通过数据分析，人际公平对城市归属感具有显著影响。对于处于城市边缘的农村移民而言，似乎进入组织打工的主要目的是挣钱，或为养家糊口，但随着农村移民在城市的发展，他们更加追求公平，追求良好的人际关系与精神、心理上的愉悦，他们希望突破以初级群体为基础的社会网络，在城市寻找自己的安身之处，也找到其精神的归宿。随着农村移民市民化以及城市融入等问题的深入，我们从农村移民所在组织的人际公平感作为切入，从精神、心理层面加以分析，从人文方面去解决农村移民在城市生活和工作当中遇到的各种困难，进而增强农村移民对城市的认同，促进农村移民增强对城市的归属感。

（三）人际公平、组织承诺与城市归属感

人际公平对城市归属感的影响，不仅有直接效果，而且通过组织承诺这个中介有间接效果。本文将组织承诺这一中介变量引入人际公平对城市归属感的机制中，能够更好地分析农村移民人际公平、组织承诺以及城市归属感之间的作用机制。人际公平能够提高农村移民对组织的信任，增强其对组织的忠诚和投入，较高的组织承诺使得农村移民对自己组织成员身份具有更强烈的渴

望，也会增加其对组织和组织目标的认可。这种对组织的认同则会增加其对所在城市的认同、满意和依恋程度。所以当农村移民感受到高的人际公平时，他们会通过高的组织承诺表现出更高的城市归属感。这就提示我们以后在分析因果关系时，应加强对中介变量的分析，以更好地挖掘变量之间的作用机制。鉴于本文的研究结论，所以我们建议在组织层面，改变过去注重管理的思维，注重人际公平，用人性化的管理关照、尊重农村移民，努力培养良好的组织气氛，从而促进农村移民对组织的信任，提高其在工作过程中的意义感和力量感，增强农村移民对组织的认同与承诺。这种从组织内的人际公平到农村移民对组织的认同与承诺机制，无疑会提高农村移民在城市中与其他群体的交流和互动，增强他们对城市的认同感、满意度以及归属感，这样既有利于农村移民更好地为城市建设服务，又有利于整个城市和社会的和谐发展。

参考文献

刘志林、冯叶：《住房、社区与"乡—城"移民的社会融入——基于四大城市群流动人口问卷调查的实证研究》，《规划师》2016年第11期。

叶继红：《城郊农民集中居住区移民社区归属感研究》，《西北人口》2011年第3期。

张明新、杨梅、周煜：《城市新移民的传播形态与社区归属感——以武汉市为例的经验研究》，《新闻与传播评论》2009年第1期。

汪雁、风笑天、朱玲怡：《三峡外迁移民的社区归属感研究》，《上海社会科学院学术季刊》2001年第2期。

王晓华：《深圳新移民合法身份与心理归属感》，《深圳大学学报》（人文社会科学版）2000年第2期。

秦伟平、赵曙明：《多重认同视角下的新生代农民工组织公平感与工作嵌入关系研究》，《管理学报》2014 年第 10 期。

胡春梅、曹成刚、何华敏、文杨：《青年农民工的生活质量与社会支持、组织公平感》，《中国心理卫生杂志》2014 年第 5 期。

王开庆、王毅杰：《组织公平、社会支持与农民工心理授权研究——基于 10 省的问卷调查》，《西北人口》2012 年第 6 期。

徐细雄、淦未宇：《组织支持契合、心理授权与雇员组织承诺：一个新生代农民工雇佣关系管理的理论框架——基于海底捞的案例研究》，《管理世界》2011 年第 12 期。

才国伟、张学志：《农民工的城市归属感与定居决策》，《经济管理》2011 年第 2 期。

凌文辁、张治灿、方俐洛：《中国职工组织承诺研究》，《中国社会科学》2001 年第 2 期。

朱力：《论农民工阶层的城市适应》，《江海学刊》2002 年第 6 期。

何微微、胡小平：《认同、归属与发展：新生代农民工留城意愿的影响研究——基于重庆市的调研数据》，《农村经济》2017 年第 8 期。

许抄军、陈四辉、王亚新：《非正式制度视角的农民工市民化意愿及障碍——以湛江市为例》，《经济地理》2015 年第 12 期。

Porter, L. W. and Lawler, E. E., *Managerial Attitudes and Performance*, Homewood Press, 1968.

Porter, Lyman W., Steers, Ricfiard M., Mowday, Richard T., Boulian, Paul V., "Organizational Commitment, Job Satisfaction and Turnover Among Psychiatric Technicians", *Journal of Applied Psychology*, Vol. 59, 1974.

Mowday R. T., Steers R. M., Porter L. W., The Measurement of Organizational Commitment, *Journal of Vocational Behavior*, 14 (2), 1979.

Meyer J. P., Allen N J. A., Three-component Conceptualization of Organizational Commitment, *Human Resource Management Review*, 1 (1), 1991.

Colquitt J. A., On the dimensionality of organizational justice: a construct validation of a measure, *Journal of applied psychology*, 86 (3), 2001.

图书在版编目（CIP）数据

民族地区发展与乡村振兴 / 贺卫光，尹伟先，祁进
玉主编. -- 北京：社会科学文献出版社，2022.6（2023.2 重印）
（民族学论坛）
ISBN 978-7-5228-0176-6

Ⅰ.①民…　Ⅱ.①贺…②尹…③祁…　Ⅲ.①民族地
区经济-区域经济发展-研究-中国②民族地区-农村-
社会主义建设-研究-中国　Ⅳ.①F127.8②F327

中国版本图书馆 CIP 数据核字（2022）第 090353 号

民族学论坛
民族地区发展与乡村振兴

主　　编／贺卫光　尹伟先　祁进玉

出 版 人／王利民
组稿编辑／宋月华
责任编辑／周志静
文稿编辑／孙以年
责任印制／王京美

出　　版／社会科学文献出版社·人文分社（010）59367215
　　　　　地址：北京市北三环中路甲 29 号院华龙大厦　邮编：100029
　　　　　网址：www.ssap.com.cn
发　　行／社会科学文献出版社（010）59367028
印　　装／北京虎彩文化传播有限公司

规　　格／开　本：787mm×1092mm　1/16
　　　　　印　张：14.25　字　数：156 千字
版　　次／2022 年 6 月第 1 版　2023 年 2 月第 2 次印刷
书　　号／ISBN 978-7-5228-0176-6
定　　价／98.00 元

读者服务电话：4008918866